# ESSAI

## SUR LA

## CONDUITE DES MACHINES A VAPEUR

### FONCTIONNANT SUR MER,

AVEC

CONSIDÉRATIONS SUR LE CALORIQUE, LES EXPLOSIONS,
LA FORMATION DE LA VAPEUR, ETC.,

PAR E. GOILLY

Ingénieur-Mécanicien.

DÉDIÉ A S. A. R. LE PRINCE DE JOINVILLE.

## HAVRE.

G. JEHENNE, RUE DES DRAPIERS, 29.

IMPRIMERIE DE J.-G. LABOTTIÈRE.

M DCCC XLIV.

# ESSAI

SUR LA

## CONDUITE DES MACHINES A VAPEUR

FONCTIONNANT SUR MER,

AVEC

CONSIDÉRATIONS SUR LE CALORIQUE, LES EXPLOSIONS,
LA FORMATION DE LA VAPEUR, ETC.,

PAR E. GOBLET,

Ingénieur-Mécanicien.

DÉDIÉ A S. A. R. LE PRINCE DE JOINVILLE.

## HAVRE.

G. JEHENNE, RUE DES DRAPIERS, 29.

IMPRIMERIE DE J.-G. LABOTTIÈRE.

M DCCC XLIV.

# PRÉFACE.

Je ne présente pas cet ouvrage comme devant être suivi exactement et sans restrictions ; je ne le présente pas comme un ouvrage que mes lecteurs doivent suivre sans réserve ; un ouvrage aussi sérieux serait au-dessus de mon savoir, au-dessus de mes forces, et par conséquent, n'est point le but de mon ambition. Je le présente seulement comme un recueil d'idées théoriques et pratiques qui pourront être utiles à ceux qui connaissent pratiquement assez, une machine à basse pression (car je ne parlerai que de ces machines), pour se proposer à les conduire, à diriger leur fonction à bord d'un bateau à vapeur marin ; je ferai la description sommaire d'une machine; je m'occuperai des explosions qui presque toujours se produisent par une vapeur désaturée qui se sature instantanément, et je m'efforcerai d'indiquer les moyens que je crois être les plus sûrs pour les reconnaître et les éviter ; etc.

Je présenterai chacune de ces considérations sous forme de leçons que j'essaierai de rendre le plus élémentaires possible, que je m'efforcerai de mettre à la portée de toutes les intelligences et de les prouver être d'une application de tous les instants. Heureux alors, si, au milieu des vicissitudes qui, sans relâche, me poursuivent et m'accablent, je parviens à obtenir quelques signes d'approbation ; si cependant, l'exécution ne répondait pas à l'importance du sujet, j'espère qu'on ne pourrait du moins méconnaître mon désir d'être utile et mes efforts pour y parvenir.

# ESSAI

SUR LA CONDUITE

## DES MACHINES A VAPEUR.

## LEÇON PREMIÈRE.

### CALORIQUE.

#### DE LA PRODUCTION ET DU DÉVELOPPEMENT DE LA CHALEUR.

Le soleil est la cause qui entretient la température ordinaire des différents lieux de la surface de la terre; ainsi, de quelque manière que le soleil agisse sur les corps, que ce soit d'une manière directe ou indirecte, on ne peut douter qu'il ne soit la cause des différents états sous lesquels ces effets se présentent à nous, puisque nous voyons tantôt des corps solides ou liquides devenir gazeux, tantôt des corps gazeux devenir solides; et il ne pourrait en être autrement puisque nous voyons la température des corps suivre exactement la marche du soleil; leur température être d'autant plus considérable que le soleil est plus long-temps au-dessus de l'horizon, et être d'autant moindre que ces corps seront plus éloignés de l'équateur, et plus rapproché des pôles de la terre.

Les lois de la distribution de la chaleur, et les variations de la température qui en dérive, la chaleur particulière du globe que l'on désigne sous le nom de chaleur centrale, loi qui est combattue et approuvée par les princes de la science, qui paraît être soutenue par des observations directes, présenterait une foule d'expériences plus ou moins curieuses et d'une très haute importance scientifique. Je m'arrête, ce serait entrer dans des détails qui ne sont point l'objet de cet Opuscule, car des considérations de cette nature rentrent évidemment dans le domaine de l'histoire naturelle de la terre, de la météorologie et de la géographie physique, et je passerai de suite aux causes qui produisent et qui developpent le calorique avec le plus de violence, avec le plus d'intensité, *au feu.* J'embrasserai sous cette dénomination partie de l'universalité des phénomènes qu'il produit, et dont il devient à peu près synonyme; par exemple si la haute température que l'on obtient par la combustion de la houille, du bois, des huiles, et des gaz inflammables, est peu de chose; le feu considéré en lui-même est l'agent le plus puissant dont on puisse faire usage.

Tous les animaux qui nous entourent, et nous-mêmes, sommes des sources de chaleur ; c'est-à-dire que la température des corps des animaux est en général plus élevée que celles des corps ambians, nous les échauffons donc perpétuellement à nos dépens. En général, on attribue la chaleur animale aux nombreuses combinaisons qui s'exécutent dans les corps vivans, notamment à la respiration. Des physiciens distingués s'étant occupés de cette question, on a déduit de leurs expériences que la plus grande partie de la chaleur animale est produite par la combustion du sang dans le poumon.

Je ne crois donc pas superflu de donner ici une bien légère idée de la respiration, qui est la fonction la plus importante de notre être ; et qui, du reste, se rattache incontestablement au calorique. Le cœur, tout le monde le sait, est un organe qui, au moyen d'un mouvement de contraction particulière, produit la circulation du sang ; il le reçoit des veines et le refoule dans les poumons où il se répand dans une foule de petits vaisseaux, et présente ainsi une grande surface de contact ; à l'air qui arrive dans la cavité thoracique par la trachée-artère : c'est là que le sang éprouve une véritable combustion, puisqu'il cède une partie de son charbon à l'oxygène de l'air ; aussi remarque-t-on que de noir qu'il était il devient d'un beau rouge ; du poumon il retourne au cœur, qui le refoule dans les artères dont l'office est de le conduire dans les différentes parties du corps où il est repris par les veines,

Cette combustion représente de 0,8 à 0,9 du tout de la chaleur animale.

On suppose que le reste de cette chaleur est due à une action nerveuse.

La chaleur tend perpétuellement à se mettre en équilibre dans tous les corps, et toutes les fois que l'un d'eux sera plus chaud ou plus froid que ceux qui l'environnent, il enverra de la chaleur afin de s'établir en équilibre de température ; reste maintenant à savoir comment se fait cette transposition réciproque de calorique ; serait-ce par l'intermédiaire des molécules de l'air ou des corps qui les séparent, c'est-à-dire par contact ; serait-ce à distance, de la même manière que la chaleur solaire nous parvient, c'est-à-dire par rayonnement ; ou enfin les corps jouissent-ils au même degré de la propriété de transmettre le calorique, soit par contact, soit par rayonnement ; telles sont les questions que je vais essayer de résoudre. Le phénomène du briquet trouvera ici sa place. L'arrête vive d'une pierre, comme, par exemple, la pierre à feu ordinaire, détache de l'acier, contre lequel on la frappe, des parcelles fort petites et fortement chauffées par le choc, qui, en traversant rapidement l'air, en absorbent l'oxygène et produisent ainsi des étincelles.

Lorsque deux corps sont à des températures différentes, le plus froid prend du calorique au plus chaud, tant par une propagation de proche en proche, que par une transmission de rayons caloriques, de sorte qu'après un temps plus ou moins long, les deux corps sont en équilibre de température. En effet, si l'on plonge la boule d'un thermomètre dans un liquide chaud, le calorique de ce liquide se partagera aussitôt avec le corps qui se trouve en contact avec lui, et le thermomètre marquera un effet beaucoup plus grand que si on l'avait simplement exposé à la chaleur rayonnante du liquide ; un effet analogue mais contraire se présentera si on le plonge ensuite dans un liquide froid, alors ce sera le calorique du thermomètre qui se répandra dans cet autre liquide, jusqu'à ce qu'il y ait de nouveau équilibre de température.

De même, pourquoi ressent-on au contact de certains corps, une sensation de chaleur ou de froid ? c'est que ces corps ayant une température plus haute ou plus basse que la nôtre, le contact établit une communication par laquelle nous lui enlevons du calorique si sa température est plus élevée que la nôtre, et par laquelle nous lui en fournissons si elle est moindre. Il nous semble aussi que la température du milieu qui nous entoure depuis quelque temps est égale à celle de notre corps, à moins que la différence ne soit considérable ; voilà pourquoi la température des caves qui est presque toujours constante nous paraît plus froide dans l'été et plus chaude dans l'hiver. Nous éprouvons aussi une sensation de chaleur ou de froid plus vive au contact de certains corps qu'à celui de certains autres, même dans le cas où le thermomètre n'accuse aucune différence, c'est-à-dire que les corps sont à une température égale. Cet effet est le résultat de la plus ou moins grande conductibilité des corps qui, en général, offrent beaucoup de variations ; ces variations sont à peu près en raison de la densité de ces corps. Ainsi, on éprouve une sensation de froid plus grande en saisissant un morceau de fer qu'en saisissant un morceau de bois qui aurait même température, parce que le fer est meilleur conducteur de la chaleur que le bois. La durée de l'échauffement et du refroidissement d'un corps par contact, on le voit clairement, dépend entièrement de la faculté conductrice du corps qui transmet cette chaleur ou ce froid. Sous ce rapport, les corps nous offrent de grandes différences, alors on les distingue en bons et mauvais conducteurs du calorique ; cette communication est toujours fort lente et peu sensible, elle décroît rapidement en s'éloignant du foyer de chaleur. Un exemple rendra plus claire cette explication; il est tout à fait impossible de pouvoir élever d'un seul degré centigrade l'extrémité d'une barre de fer de 0 m. 05 c. de grosseur qui aurait 2 mètres de longueur, même l'une des extrémités fût-elle sur le point d'entrer en fusion; cependant, les métaux jouissent de la faculté d'être bons conducteurs à un plus haut degré que tous les autres corps; mais ils présentent aussi entre eux de grandes différences. Parmi les métaux, l'or et l'argent sont les meilleurs conducteurs; le plomb et le platine les plus mauvais.

Les corps polis sont ceux qui absorbent le moins de chaleur; mais aussi ils sont ceux qui en émettent le moins; en général, ces propriétés sont toujours corrélatives : de là, ces corps s'échauffent et se refroidissent lentement. Les surfaces ternes et noires, au contraire, sont celles qui en absorbent le plus, mais aussi sont celles qui en rayonnent davantage; d'où il résulte que les surfaces noires sont celles qui absorbent le plus de calorique, et sont aussi celles qui le transmettent le plus facilement; que les surfaces polies et de couleur blanche celles qui en absorbent le moins, mais sont aussi celles qui en trans-

mettent le moins. On conçoit alors combien il est
utile à un mécanicien conduisant une machine à vapeur, de bien approfondir le calorique, afin de faire
l'application des principes que je viens d'énumérer,
pour tâcher d'arriver à économiser son combustible,
et aussi éviter le plus possible la perte de chaleur
par rayonnement; obtenir enfin une température
plus supportable et moins fatigante dans l'intérieur
de la machine qu'il est chargé de conduire. On peut
s'assurer de la vérité de ce que j'avance, au moyen
du thermomètre différentiel de M. Leslie, qui apprécie jusqu'au plus petit rayonnement de chaleur
de deux corps ; le nom technique de cet instrument
est *termoscope*, il est représenté figure 3ᵉ planche
2ᵉ, en voici la description : les deux tubes verticaux
sont remplis d'air, mais un petit cylindre rempli
d'acide sulfurique est placé au milieu du tube horizontal, dont l'état de repos les empêche de se communiquer, le plus léger changement de température
éprouvé par l'une des boules dilate l'air et fait marcher le cylindre d'acide sulfurique.

Les corps, par leur rayonnement mutuel dans
tous les sens entretiennent et rétablissent continuel-
lement l'équilibre de la température. Un corps est-il
plus chaud, il rayonne en plus grande quantité
qu'il ne reçoit ; de là jusqu'à ce que l'on parvienne

à arrêter la plus grande partie de la chaleur per-
due par rayonnement, diminution de force et plus
grande consommation de combustible par les machines à vapeur. Le corps est-il plus froid, tous les
corps environnans lui cèdent plus de chaleur qu'ils
n'en reçoivent, et l'équilibre se rétablit bientôt;
enfin, lorsque les températures sont égales, elles
s'entretiennent dans cette égalité par un échange
réciproque de chaleur; mais dans la partie d'un
bâtiment où fonctionne une machine à vapeur,
toutes les parties chaudes de la machine rayonnent
sans recevoir, puisque l'air contenu dans cette partie du bâtiment atteint à peine une température
égale à 35 ou 38 degrés centigrades, tandis que les
parties chaudes de la machine sont à 105 ou 108.
Un exemple rendra plus claire la démonstration que
je viens de faire de ce phénomène; ainsi, dans la
durée d'une nuit calme et sereine, la terre rayonne
vers l'espace une grande partie de la chaleur qu'elle
a reçu pendant le jour, et comme rien ne lui restitue
cette chaleur qu'elle perd par le rayonnement, elle
se refroidit considérablement, et ce refroidissement
facilite dans une saison qui n'est pas trop chaude,
la formation de la glace, d'une gelée blanche ou d'une
rosée.

Les rayons calorifiques se réfléchissent à la surface des corps polis d'une manière telle, que le rayon incident et le rayon réfléchi sont toujours dans un plan normal à la surface, et toujours aussi, les angles que les deux rayons font avec la surface du corps, sont égaux, je ne m'étendrai pas davantage sur ce sujet, parce que ce serait m'écarter du but que je me suis proposé en commençant, et que d'ailleurs l'étude de ce phénomène n'est pas tellement reconnu utile au mécanicien qui conduit une machine à vapeur, pour que j'aie besoin de le développer davantage.

# LEÇON DEUXIÈME.

## DE LA FORMATION DE LA VAPEUR D'EAU.

Je crois inutile d'entrer dans le détail des nombreuses expériences qu'ont faites Dalton et Gay-Lussac pour parvenir à déterminer la tension de la vapeur, soit dans le vide, soit dans le gaz, et il me suffira, je crois, d'indiquer le résultat de leurs recherches le plus brièvement possible pour être compris.

L'évaporation dans l'air de la vapeur d'eau ou

dans tout autre gaz qui ne se combine pas avec elle,
est précisément le même que dans le vide ; si ce gaz
est sec, la tension y est égale, et elle cesse de s'y
former lorsque son élasticité fait équilibre à la force
expansive du liquide. L'évaporation augmente par
le renouvellement de l'air ; mais cela n'est point une
preuve de son action dissolvante, mais bien le résultat de la diminution de l'obstacle qui s'opposait
au dégagement de cette vapeur. Donc la portion
d'air atmosphérique qui environne un liquide en
évaporation est bientôt chargée d'une tension égale
à celle du liquide qui produit la vapeur, et l'on voit
facilement par ce que je viens de dire, que l'action
de l'air est la cause la plus puissante pour accélérer
l'évaporation dans un vase ouvert, puisqu'il livre
à la vapeur par son action de nouveaux interstices
à remplir. Alors on comprendra facilement le phénomène qui, chaque jour, se renouvelle à nos yeux.
Que la diminution du liquide est proportionnelle à
la surface exposée à l'air, et que cette diminution
est beaucoup plus considérable par un vent fort que
par un temps calme ; il me suffit donc de dire que
le résultat des recherches ingénieuses des physiciens
que j'ai nommés ci-dessus, pour connaître le ressort
ou l'élasticité de la vapeur résultant de la température, en prouvant qu'elle s'ajoute à celle des gaz,

ce qui permet de la mesurer exactement au moyen du manomètre représenté figure 2, planche 2°.

En étudiant avec fruit la tension de la vapeur pour tous les degrés du thermomètre, on reconnaît qu'elle augmente dans une progression considérable à mesure que la température devient plus haute, et il en est de même pour la quantité de liquide vaporisée ; aussi entre 0 et 10 degrés, il se forme moins de vapeur qu'entre 10 degrés et 20 degrés, et à 20 degrés, la vapeur a un ressort plus que double de ce qu'il était à 10 degrés.

Je viens donc de prouver par ce que je viens de dire, que la chaleur est seule la cause réelle de l'évaporation ; que, dans un espace limité, il se forme autant de vapeur dans un gaz, quelle que soit d'ailleurs sa densité, qu'il s'en formerait dans le vide. De là je déduis que le ressort d'un mélange est augmenté de tout le ressort de la vapeur ajoutée ; mais dans notre atmosphère, qu'on peut regarder comme un réservoir d'une capacité incommensurable, ce phénomène ne se retrouvera plus ; et, en effet, il est impossible qu'il se reproduise, puisque l'air et la vapeur sont tous deux des fluides élastiques tendant sans cesse à se mettre en équilibre et à se repousser dans un espace libre ; l'air chargé de vapeur se dilate jusqu'à ce que sa force de ressort, ainsi que celle de la vapeur dont il est chargé soient égales à celle de l'air plus sec qui les entourent ; cette dilatation ne peut avoir lieu si la vapeur continue à s'y former et se répandre dans l'air ; la moindre cause produira une précipitation de cette vapeur, qui repassera à l'état liquide ; c'est ce phénomène de la condensation, que j'essaierai de développer dans une autre leçon. Les physiciens que j'ai cités ont reconnu que la force élastique de la vapeur était capable d'une puissance énorme. L'eau en se vaporisant à la température de 100 degrés, ou de l'ébullition, occupe un espace 1700 fois plus grand à l'état de vapeur qu'à l'état liquide. On a appliqué la force de la vapeur à toutes sortes de machines, et par ce nouveau moteur, si répandu dans la nature, des bateaux et des navires de toutes les dimensions, marchent contre les vents et les courants dirigés par ce nouveau pilote qui remplace avec succès les vents et les forces animales ; d'un autre côté, les voitures roulent sur les chemins sans le secours des chevaux.

Quels prodiges a donc enfanté le génie des hommes ? Quels freins résisteraient à la force d'impulsion de ces génies heureux qui se livrent avec patience à des études sérieuses de la chimie et de la mécanique, pour, avec l'aide de ces sciences arriver à remplacer ce moteur puissant, par un autre non moins puissant, l'air comprimé, la force d'expansion du gaz acide carbonique liquéfié? Gloire donc à celui des hommes qui obtiendra ce résultat tant désiré; honneur à la cité qui l'aura vu naître.

La force du ressort de la vapeur est toujours proportionnelle au volume qu'il occupe; de telle sorte, que la quantité de vapeur qui soutient une colonne de mercure de 0,76 de hauteur sur 0,01 carré de surface à la base, en soutiendra une double si l'espace qu'elle occupe est diminué de moitié. Dans cet état les molécules de la vapeur se sont rapprochées, et son élasticité est devenue du double plus forte; donc la tension de la vapeur est en raison inverse du volume qu'elle occupe, aussi long-temps qu'elle ne sera point pressée assez fortement pour se condenser toutes les dissolutions salines entrées en ébullition à une température plus élevée que l'eau distillée. Ces dissolutions à température égale, ont donc une tension moindre; par conséquent, l'évaporation est aussi moins grande; la vapeur produite par de l'eau salée ne contient pas un atôme de sel; il est donc d'un raisonnement sain de croire que le sel produit un changement dans l'évaporation du liquide.

Maintenant, je vais tâcher de faire voir la vapeur par couches les unes sur les autres, et s'équilibrant en partie. La première couche, celle qui touche la surface du liquide, et cela est évident, a pour contre-poids de son élasticité, la tension qu'a le liquide pour émettre de nouvelle vapeur ; de manière que si, par une cause quelconque, la force élastique du liquide diminue, cette couche de vapeur pressée par celles qui sont immédiatement au-dessus, n'étant plus soutenue par le liquide, se précipitera et se liquéfiera, et les couches qui lui sont supérieures suivront la même route jusqu'à ce que le refroidissement de l'eau soit complet et que l'équilibre soit rétabli.

Je crois aussi avoir dit qu'un corps ou liquide quelconque ne pouvait se vaporiser sans absorber beaucoup de chaleur ; cette chaleur se restituant lorsque la vapeur repasse à l'état liquide, et cela amène naturellement à expliquer, par un exemple, cette vérité, que toute évaporation est une cause de refroidissement ; en effet, si, aux rayons du soleil, on expose un thermomètre dont la boule est envelop-pée d'un corps humide, le mercure s'abaissera, parce que le soleil activant l'évapo ration du liquide que contient le corps humide, causera une absorption de calorique qui se fera aux dépens du thermomètre.

Enfin, après avoir démontré le plus brièvement possible la théorie de la formation des vapeurs et

de leurs pressions, il me reste encore à essayer de
faire voir quelles sont les circonstances qui précèdent
l'époque de l'ébullition, quand on applique le feu
sous les chaudières à vapeur. Il arrive que la couche d'eau qui est la plus rapprochée du foyer transmet peu à peu son calorique à celle qui lui est supérieure, et ainsi de suite de proche en proche ;
que des courants d'eau chaude s'établissent d'une
manière plus ou moins verticale, dans la masse du
liquide jusqu'à ce que le liquide ait atteint la température de 100 degrés, alors, l'ébullition se prononce
d'une manière tumultueuse ; et une vapeur, d'une
température égale à celle de l'eau qui la produit,
s'empare de tout l'espace resté vide entre la voûte
de la chaudière ; elle se mêle avec l'air qui y est
contenu et le remplace à mesure qu'on lui ouvre
une issue pour qu'il sorte ; puis quand la chaudière
est pleine de vapeur, si l'on continue le feu sans
qu'il y ait consommation, il s'établit une pression
croissante au-dessus du liquide et contre les parois
intérieures de la chaudière ; bientôt la vapeur dépas-
sant la tension relative à 100 degrés, s'accroît et
acquiert une force élastique qui augmente comme la
température, et la tension devenant plus forte sur
le liquide, l'ébullition est contrariée, bien que la
température ait augmenté, mais cette augmentation

de température et de tension ne peut avoir lieu dans des vases ouverts, parce qu'à mesure que la vapeur se produit elle se répand dans l'atmosphère qui se trouve dans cette température en équilibre avec elle. Donc, dans ce cas, elle emporte tout le calorique ajouté.

L'eau, par suite d'un accroissement de température, augmente d'environ 1/24 de son volume ; mais comme pendant qu'une machine est en fonction, le niveau se tient toujours à la même hauteur ou à fort peu près, cette élévation ne fait encourir aucun danger ; celui qui conduit une machine peut donc négliger ce léger dérangement, mais il n'en est pas de même pour le changement de niveau qui résulte de la dilatation ou de la contraction du liquide, et cette cause de perturbation se répète autant de fois qu'il est besoin soit d'arrêter, soit de remettre en fonction une machine, et les évènements les plus sinistres résultent de cette dénivellation, qui elle-même s'ajoutant à celle d'un défaut d'alimentation, à celle qui résulte de l'enflure des surfaces planes des chaudières dites à tombeau, par suite de la pression de la vapeur contre leurs parois (1)

---

(1) Les chaudières cylindriques des machines à haute pression ont aussi des causes de dénivellation ; les chambres de vapeur sont les plus fréquentées.

intérieures, et enfin, les cas d'échouage donnant une inclinaison quelconque au navire, peut empêcher l'eau d'injection d'entrer par les ouvertures pratiquées au bâtiment à cet effet.

## LEÇON TROISIÈME.

### DES EXPLOSIONS.

Premièrement, et afin de pouvoir être bien compris, je vais expliquer ce que j'entends par surface de chauffe. Une surface de chauffe est cette partie d'une chaudière qui reçoit immédiatement le contact de la flamme et de l'air échauffé pour communiquer le calorique qu'elle reçoit, à l'eau qui doit produire la vapeur nécessaire pour la fonction des machines ; par conséquent, l'eau doit la toucher de toutes parts. Cette condition est tellement indispensable, que si elle n'était de la part du mécanicien l'objet d'une attention toute spéciale et de tous les instants, il naîtrait, des suites de ces dénivellations, un danger d'explosion, et personne n'ignore combien ces sortes d'événements sont cruels.

Maintenant, je suppose, pour bien faire comprendre mes idées, qu'une partie de la surface de chauffe soit découverte, en cet endroit le métal aura acquis promptement une température excessivement élevée, et communiquera partie de son calorique à la vapeur qui, bien que saturée par son contact immédiat avec le liquide, perdra son élasticité et augmentera de température; la désaturation aura lieu si, dans cet état où se trouvent les chaudières, on rétablit l'ébullition en consommant d'une manière quelconque la vapeur, le niveau montera, et cette partie de la surface de chauffe, quelquefois rougie, se couvrira de liquide, et l'ébullition aura lieu; de cette ébullition résultera une nouvelle vapeur saturée, et ensuite une chose bien terrible et bien à craindre, la saturation instantanée de l'espace et de la vapeur désaturée; et dans cette circonstance l'appareil ne pourra manquer de faire explosion, parcequ'une vapeur désaturée qui se sature instantanément prend toujours une tension relative à sa température.

Je vais maintenant essayer de faire ressortir que, dans une chaudière où il existe une pression notable, l'élévation du niveau de l'eau met le liquide en contact avec une partie de la surface de chauffe qui précède la partie rougie du métal, et qui, d'ailleurs, a la température convenable pour produire de la vapeur.

Il existe donc du niveau de l'eau à la partie rougie
du métal, et qui d'ailleurs a la température convenable pour produire de la vapeur, une zône progres-
sive de chaleur que l'eau parcourt à mesure que son
niveau remonte ; cette zône produit donc la vapeur
qui s'ajoute pour saturer l'espace, à celle que produit
en petite quantité l'eau qui sautille sur le métal
rougi. L'ébullition en pluie qui est le résultat du re-
couvrement accidentel des surfaces de chauffe rougies
fait acquérir à la vapeur un exès de température
convenable pour qu'elle s'identifie à celle désaturée,
et non pour la condenser telle qu'ont paru le croire
quelques personnes.

Mais comme une sorte d'opposition d'effets paraî-
trait exister entre l'accident dont je viens de parler,
et l'œuvre de la condensation, je vais tâcher de prouver que cette opposition n'existe pas. En effet la
vapeur d'eau en contact avec un métal froid et de
l'eau également froide mais immobile se condense
lentement ; tandis que si l'on fait arriver au milieu
de cette vapeur une certaine quantité d'eau froide
en pluie elle se condense presque instantanément ;
réciproquement une vapeur très chaude, en contact
avec une eau moins chaude et immobile ne prend
pas pour cela une température relative à celle de cette
eau ; il est donc évident que la vapeur restera désa-

turée ; mais si au milieu de cette vapeur on injecte une certaine quantité d'autre vapeur d'égale tempé- rature que celle de la vapeur désaturée, cette der- nière prendra, par une secousse instantanée, et de beaucoup plus rapide que la condensation une ten- sion relative à la température du mélange qui en résulte.

Quant aux effets produits, l'explosion résultant de la saturation instantanée de la vapeur est sans limites; l'effet de la condensation en a une, puisque l'écrasement qu'il produit approche d'une atmos- phère sans pouvoir jamais dépasser cette puissance.

Si, à la suite d'un abaissement progressif du niveau dans la chaudière d'une machine en fonction, une partie de la surface de chauffe se découvre, la tension de la vapeur diminuera ; et quand la chau- dière sera arrivée à un certain degré de perturbation, il est facile au mécanicien de prévoir que la plus légère dénivellation découvrira entièrement cette partie de la surface placée immédiatement au-dessus du foyer, et qui par sa position est celle qui aide le plus à la formation de la vapeur; si alors la ma- chine continuait de fonctionner, l'ébullition en pluie n'étant point supprimée mais seulement consi- dérablement diminuée, elle continuera encore de saturer une partie de la vapeur contenue: donc la vapeur diminuera de tension parceque la machine consommera une plus grande quantité de vapeur que l'ébullition en pluie ne peut en saturer.

Si dans les circonstances que je viens de citer, on arrêtait la machine, il y aurait encore abaissement de niveau, et conséquemment la partie de la surface de chauffe qui est au-dessus du foyer serait davantage découverte; la vapeur se désaturerait promptement, et le danger d'explosion subsisterait encore.

Le mécanicien, pour parer au danger que je viens de citer, ne doit jamais quel que soit l'état dans lequel se trouve les chaudières, arrêter la machine si elle est en fonction; ni la faire marcher si elle est arrêtée. Mais comme moyen de sûreté il doit éteindre les feux et ne refaire le niveau qu'après que la température des chaudières est entre 50 à 60 dégrés centigrades, et même à une température moins élevée s'il y a lieu; il doit aussi se dispenser de lever les soupapes de sûreté avant qu'il n'y ait refroidissement, parceque le soulèvement rétablissant l'ébullition, la vapeur serait saturée en raison de sa température, et causerait une explosion instantanée; il doit aussi s'abstenir d'abaisser davantage le niveau des chaudières, car s'il agissait ainsi, il augmenterait le désordre dans l'appareil évaporatoire, et courrait encore les chances d'une explosion.

Je me résume en ce qu'il est facile au mécanicien de reconnaître qu'il existe des pertubations de ce genre en comparant le thermomètre avec le manomètre. Leur contrôle doit être l'objet de tous les instants, car il fournit des indications positives; et si l'on s'aperçoit que la tension marquée au manomètre n'est pas en rapport avec la température marquée par le thermomètre il y a désaturation de la vapeur et danger imminent d'explosion.

## LEÇON QUATRIÈME.

### DE LA CONDENSATION DE LA VAPEUR, ET DE LA FONCTION D'UNE MACHINE.

Avant que d'expliquer comment fonctionne une machine à basse pression, et pour parvenir à en faire bien comprendre le jeu, je vais expliquer comment se fait et en quoi consiste l'œuvre de la condensation de la vapeur d'eau.

La condensation consiste à soustraire, presque instantanément, toute la vapeur d'eau contenue dans une capacité quelconque, en réduisant cette vapeur à l'état liquide : cette condensation s'opère d'une manière plus ou moins parfaite selon que la quantité de calorique qu'elle contient est p us ou moins grande, que les moyens employés ont plus ou moins d'énergie.

Le mode employé pour condenser la vapeur lorsqu'elle sort des cylindres après qu'elle a produit son effet, est une injection d'eau froide au milieu du condenseur où cette vapeur arrive ; le moment de cette injection correspond toujours à celui où la vapeur quitte le cylindre, là, elle rencontre la pluie d'eau froide qui arrive par une pomme d'arrosoir et dont je viens de parler. Le résultat de cette opération est d'obtenir un vide presque parfait dans le condenseur, et aussi dans le cylindre qui communique d'une manière directe avec la capacité appelée condenseur : mais il serait facile à celui à qui les machines ne sont point familières, de croire, par ce qui vient d'être dit de la condensation, qu'après plusieurs opérations de cette espèce le condenseur se soit rempli d'eau tant par l'injection que par la vapeur liquéfiée, et qu'alors la vapeur ne pourrait plus sortir des cylindres, puisque le condenseur serait entièrement plein : mais il n'en est point ainsi, et c'est pour pourvoir à cet inconvénient qu'on ajoute au condenseur une pompe destinée à retirer l'eau d'injection mêlée à la vapeur condensée, pour être, par cette pompe, renvoyée dans une autre capacité nommée la bâche, et dans laquelle une pompe foulante, mue par la machine, prend la quantité d'eau nécessaire à remplacer dans les chaudières celle consommée en vapeur. Cette méthode de condensation par injection est loin d'être aussi parfaite qu'on pourrait le désirer, elle porte en elle-même des inconvéniens graves. Le plus grave de tous, est que la vapeur devenue liquide par la condensation, ne peut être renvoyée sans mélange à la chaudière, puisqu'elle se mêle avec de l'eau non distillée et qui, par conséquent, dépose incessamment des sels de soude, de chaux et de magnésie, qui, quoi qu'on retarde leur précipitation au fond des chaudières en les chassant à l'extérieur à des époques réglées, toutes les deux heures par exemple, ne continue pas moins d'y déposer et de s'y cristalliser. Il existe aussi un procédé de condensation à sec, je n'en ferai point la description parce que son usage n'est pas général, et que d'ailleurs il n'a pas répondu au résultat qu'on en attendait, et parce qu'un défaut inhérent à la nature de cet appareil, consiste dans l'obligation d'employer des réfrigérants de métal, vastes et à parois assez épaisses, pour qu'ils puissent résister à la pression atmosphérique qui résulte du vide qui s'opère à l'intérieur par l'effet de la condensation ; cette épaisseur de métal étant contraire aussi à la prompte pénétration du froid nécessaire pour obtenir une condensation rapide.

Maintenant que j'ai exposé brièvement les causes de la production de la vapeur et le moyen de la détruire instantanément, il deviendra facile, même pour l'intelligence la moins développée, de comprendre, par ce que je vais dire, comment s'opère le jeu d'une machine à vapeur à basse pression.

Alors, je suppose avoir un cylindre quelconque bouché à ses deux extrémités et vide d'air, que dans son intérieur soit un piston qui puisse glisser de bas en haut et de haut en bas, qu'il soit tellement équilibré ainsi que le frottement, au moyen d'un contre-poids, qui puisse rester indifféremment à toute place où on l'arrêtera dans le cylindre, que ce cylindre soit installé comme ceux des machines à vapeur, c'est-à-dire, qu'il ait la faculté de communiquer par le haut et par le bas alternativement avec un condenseur et une chaudière à vapeur, que le piston soit placé au milieu de la course : si, en cet état, j'introduis de la vapeur dessus et dessous le piston, c'est-à-dire, par le haut et par le bas du cylindre,

Il est évident, et cela se conçoit facilement, que le piston ne bougera pas, puisqu'une force égale agira sur les deux côtés; mais, si, comme je l'ai expliqué, j'use de la faculté que j'ai de faire communiquer alternativement chacune des parties du cylindre avec la chaudière et avec les condenseurs, il est évident que la vapeur arrivant de la chaudière sur l'une des faces du piston le chassera, tandis que la vapeur contenue dans le cylindre, de l'autre côté de ce même piston, se précipitera dans le condenseur où l'injection d'eau froide le liquéfiera : qu'un effet semblable pourra avoir lieu lorsque le piston remontera vers le haut du cylindre. On voit donc que, si on renouvelle plusieurs fois cet effet, on obtient le mouvement rectiligne alternatif que l'on remarque dans la fonction des machines à vapeur, et, c'est ainsi, que, par une introduction et une soustraction combinée de vapeur de chaque côté d'un piston, on donne aux machines, par toutes sortes de moyens que la mécanique enseigne, tous mouvements qui sont utiles aux industries auxquelles on veut appliquer ces différents mouvements. Dans les machines à vapeur on obtient le mouvement de rotation nécessaire aux roues à aubes au moyen d'une manivelle coudée, et, d'après ce que je viens de dire, on comprendra facilement comment, par un mouvement à contre sens des tiroirs, on parvient à opérer le mouvement de rotation des roues en sens contraire, combien il est facile d'arrêter une machine, soit en fermant tout simplement le passage de la vapeur, soit en décrochant l'appareil qui fait mouvoir la soupape de de distribution, le tiroir.

# LEÇON CINQUIÈME.

## DE LA CONDUITE DES MACHINES A VAPEUR.

Le mécanicien, avant de mettre les machines en activité, doit prendre des soins préliminaires, qui consistent toujours à s'assurer que les soins de propreté indispensables ont été pris par les chauffeurs, et à s'assurer si le nettoyage des galeries a été bien fait, ainsi que celui des cendriers; si les grilles sont bien dégagées; car de l'état de propreté des galeries parcourues par la flamme et l'air chauffé, dépend une économie de combustible, et une plus grande facilité pour le service des fourneaux. Il doit encore s'assurer en sondant tous les deux ou trois mois, et même plus souvent s'il est possible, les rivets saillants dans les galeries, afin de reconnaître s'ils ont la solidité désirable, pour être bien sûr qu'aucun d'eux ne sortira de sa place, ce qui occasionnerait une fuite abondante. Dans les chaudières qui ont fait un long service il se déclare quelquefois des fuites qui donnent lieu presque toujours à une formation de sels très compacts et réfractaires qui s'accumulent à cette partie de la surface où est la fuite, et la soustraie de celle dont l'étendue entière est nécessaire pour suffire à la consommation de la machine.

Ces substances réfractaires sont un mélange composé de silice, de sel-de-chaux, de soude, et de magnésie, déposés à l'endroit de la fuite par l'évaporation et la filtration, de cendre et de fragments de houille provenant de la combustion.

La propreté intérieure des chaudières est nécessaire pour leur conservation, tant comme une garantie contre les explosions, que pour la facilité du service; cette propreté doit être de la part du mécanicien chef un objet de tous les instans.

Si une une légère fuite se déclare pendant le cours d'un voyage on parvient à la boucher en marchant à une pression très basse, parceque des incrustations de sel parviennent à se former contre la fissure, et finissent par la boucher entièrement; lorsqu'elle est entièrement bouchée on reprend la pression hab'tuelle. Il arrive aussi que des fuites se déclarent par le trou d'un rivet que l'inspection avait laissé croire être bon, elles sont si considérables qu'il est urgent d'y remédier sur l'instant.

Voici le meilleur moyen de les boucher jusqu'à la fin du voyage, je l'indique ici parcequ'il a été employé plusieurs fois avec succès, voici en quoi il consiste :

On fait tomber la pression, on éteint le feu du fourneau dans lequel est la fuite, on démonte la grille, et on chasse dans le trou une cheville en bois de chêne après quoi, on remonte la grille, on refait le feu et on rétablit la pression de la vapeur. Cette fuite fût-elle dans l'endroit le plus intense du feu qu'elle resterait hermétiquement bouchée parceque la portion de la cheville qui est exhubérante se brûle jusqu'au ras de la tôle et qu'arrivée à ce point l'eau de la chaudière passant à travers les fibres du bois, empêche la combustion de la cheville d'aller plus loin ; elle ne peut sortir par suite de la pression de la vapeur parceque la chaleur fait renfler le bois intérieurement en forme de bourlet.

Des sels se forment par plaque contre les parois des chaudières et s'en détachent ordinairement lorsqu'ils ont une épaisseur variable de 4 à 5 millimètres à la fin de chaque voyage; le mécanicien doit faire ouvrir les trous de sel placés à  la base des chaudières pour retirer ces sels, qui, s'il ne le faisait pas s'accumuleraient ensemble dans les coursives au point de les obstruer complètement, ce qui alors exigerait un travail extrêmement pénible pour détacher ces matières qu'on aurait ainsi laissé s'amonceler ; ces obstructions étant presque toujours composées de sels réfractaires, sont une des causes ordinaire des explosions, et en outre la cause la plus fréquente de la destruction complète des chaudières en fort peu de temps. Avant de mettre en marche les machines, le mécanicien doit s'assurer qu'aucun corps étranger ne se trouve dans la direction du mouvement des traverses, bielles, balanciers, etc., en un mot passer l'inspection générale de toutes les pièces de la machine, voir si les soupapes de sûreté sont libres dans leur jeu, lubréfier toutes les articulations. Cette inspection doit se faire quand on fait le plein des chaudières, et être renouvelée avant de faire fonctionner la machine.

Quand après avoir vidé les chaudières de l'eau chaude qu'elles contenaient et s'être servi à cet effet de la pression de la vapeur, on doit les laisser vides et non pas les remplir immédiatement, et condensant la vapeur contenue, pour établir le vide

nécessaire pour que l'eau s'y introduise avec rapidité, parceque le refroidissement brusque succé-
dant à une température élevée la chaudière souffri-
rait de la contraction du métal, et on concevra très
bien que des fuites peuvent être la suite d'une opé-
tion aussi condamnable.

Quant aux effets de l'élévation et de l'abaissement
du niveau dans les chaudières, il est facile de se l'expliquer par l'échauffement de l'eau à une température de 100 dégrés et plus; et par la dilatation qui
lui correspond.

Quand l'ébullition de l'eau par suite d'une non
consommation de vapeur se trouve supprimée ou
rendue presque nulle par la pression de la vapeur
sur son niveau, il paraît trop bas; mais aussitôt que
cette ébullition est rétablie par la mise en marche
des machines, des bulles partent de toutes les parties
du liquide, enflent son volume, et le niveau remonte
d'une manière notable, puis il baisse de nouveau si
l'on arrête la consommation de la vapeur, parcequ'une pression plus forte s'établit sur le liquide et
que l'ébullition par suite de cette compression est
presque supprimée.

Une alimentation abondante et brusque pendant
que la machine est en train fait quelquefois abaisser
le niveau et diminue l'ébullition; cet accident quoi-

que très rare, peut avoir lieu sans que pour cela l'on soit dans une circonstance extraordinaire.

Un des robinets-jauge, placé sur le devant de la chaudière indique quelquefois un bon niveau, tandis que celui placé en dessous n'accuse point d'eau, tantôt cet effet est causé par des sels qui obstruent un des robinets, tantôt parceque la machine consomme plus de vapeur que la chaudière n'en produit et que la pression atmosphérique devient supérieure à celle de la vapeur qui par suite de l'absorption de la machine n'existe plus dans la chaudière qu'en très petite quantité, et s'oppose ainsi à la sortie de l'eau en obligeant l'air extérieur d'y entrer, bien que le niveau dans les chaudières soit supérieur à tous les robinets.

Quelquefois lorsqu'on allume les feux il arrive que la flamme et la fumée sont refoulées dans l'intérieur du navire au lieu d'être aspirées par la cheminée. Mais pour remédier à cet inconvénient qui au reste est très rare, il suffit de jeter dans la cheminée par une ouverture à hauteur d'homme pratiquée à cette dernière, quelques papiers ou chiffons enflammés pour que l'air contenu se dilatant par l'effet de la chaleur le tirage s'établisse.

Quand après avoir chauffé les chaudières pendant un temps plus ou moins long, ce qui dépend au reste de leur capacité, de la qualité du combustible, de la conduite du feu, et de la bonne disposition des fourneaux ; les manomètres marquent la pression sous laquelle la machine doit marcher, le mécanicien doit purger la machine.

Pour obtenir ce résultat, qui consiste à chasser par la soupape nommée reniflar, l'eau et l'air, que contiennent les différentes capacités qui composent l'ensemble d'une machine, on ouvre le tube de purgation, et la vapeur de la chaudière arrivant par ce tube ne tarde pas à emplir toutes les capacitées inférieures.

Cette injection est tellement nécessaire que sans elle l'eau que contiennent ces différentes capacités, n'étant plus sous l'influence de la pression atmosphérique, aucune puissance ne l'obligerait à en sortir : donc l'injection de la vapeur établit la pression indispensable pour cette évacuation : l'injection si elle est trop abondante devient nuisible en ce qu'elle échauffe le condenseur et que celui-ci; lorsque l'on fait mouvoir la machine ne concourt presque pas à son mouvement, et quelque fois même l'empêche de marcher; il convient alors de le refroidir par tous les moyens dont on peut disposer : lorsque l'opération de purger sera terminée le mécanicien décrochera l'excentrique ii ji en le soulevant pour qu'il désempare le tourillon du levier coudé, il adaptera le levier à

main LL, il sera maître alors de faire mouvoir de
haut en bas, et de bas en haut le piston, selon qu'il
lui conviendra de placer le tiroir : ainsi il lui sera
facile selon la position qu'il donnera au tiroir de
faire marcher le piston dans les deux sens, mais il
devra faire attention de ne pas arrêter le piston à fin
de course, parceque la manivelle des roues étant
dans une perpendiculaire TZ aucune raison ne l'obli-
gera de dépasser cette position ; cette condition n'est
rigoureuse que dans les bâtiments où il n'y a qu'une
machine.

Après que le mécanicien a fait osciller plusieurs
fois le piston et a fait accomplir à la roue plusieurs
révolutions entières soit en arrière soit en avant il
ferme les robinets d'injection ainsi que la soupape
de mise en train qui est sur le tube de vapeur partant
de la chaudière au cylindre, comme nous avons vu
que par un mouvement quelconque du tiroir mu
par le levier à main il est possible de faire tourner les
roues soit en avant soit en arrière selon la volonté
du mécanicien : je ne m'étendrai pas davantage
sur ce sujet qui est d'ailleurs trop simple pour que
j'aie besoin d'en dire autre chose que ce que l'on a
déjà lu.

Comme je l'ai déjà dit, le mécanicien en recevant
le signal du départ, fait marcher les machines au

moyen d'un levier à main qui sert à faire mouvoir les tiroirs quand l'excentrique est décroché, pour, quand on est dégagé de tous les obstacles qui se présentent presque toujours au moment du départ, il laisse tomber à sa place la tringle d'excentrique, qui elle-même mue par la machine, exécute la fonction qui lui est assimilée pour continuer le mouvement.

Pendant que la machine fonctionne, le mécanicien doit avoir constamment l'œil sur toutes les pièces, observer les écrous et les clavettes qui, assez souvent, se desserrent par la fonction ; contrôler à tous instants le manomètre avec le thermomètre, et observer avec soin toutes les pièces mouvantes du mécanisme et particulièrement le parallélograme, car son dérangement entraîne presque toujours la destruction de la tige du piston, du couvercle du cylindre et de beaucoup d'autres pièces qui sont incapables de servir, parce qu'à la suite de ce dérangement elles ont été faussées.

Les mécaniciens doivent poser de temps en temps les mains sur les balanciers et les bielles, suivre leur mouvement pour découvrir les chocs, les secousses qui peuvent se déclarer dans une machine en fonction ; s'attacher à empêcher ces chocs et ces secousses aussitôt qu'il les ont reconnues, et chercher à découvrir la cause qui a pu les produire : il est encore d'autres soins qui doivent être l'objet d'une attention toute spéciale. Ce sont le niveau de l'eau et l'extraction, qui, comme je l'ai déjà dit, consiste à ouvrir les soupapes de sûreté pour chasser au dehors une partie des sels qui déposent et adhèrent fortement aux parois des chaudières.

Dans toutes les chaudières, les tringles de communication, des soupapes de sûreté, les robinets-jauge, des jauges en verre, les manomètres, les thermomètres sont au-devant des chaudières sous la main et les yeux du mécanicien ; et je crois ne pouvoir trop le répéter, s'il s'apercevait, par exemple, que le thermomètre marquât 190 degrés, et que le manomètre indiquât, pour la pression, 1 atmosphère 1/2, il y aurait désaturation de la vapeur et danger imminent d'explosion.

Dans le cas où il arrive dérangement dans le mécanisme des machines, les mécaniciens doivent non-seulement être toujours prêts à détacher l'excentrique, s'il s'agit d'arrêter la machine, mais encore être à portée du levier à main, afin de faire mouvoir la machine en arrière, s'il est nécessaire, s'assurer à tout instant que le niveau est bon, tâter les pompes alimentaires et les condenseurs, afin de s'assurer s'ils ne sont pas trop chauds ; regarder au-dessous des grilles si elles ne sont pas obstruées ; veiller à ce que les chauffeurs ne brûlent pas le charbon inutilement; s'assurer de la régularité des fonctions des pompes en posant la main sur les tubes qui conduisent l'eau d'alimentation à la chaudière, et juger, par leur température, qui ne doit pas être plus chaude que celle des bâches, qu'elles fonctionnent convenablement; si, au contraire, ces tubes sont brûlans, deux causes peuvent produire cette perturbation, à laquelle il importe de remédier sur-le-champ : la première est produite par les escarbilles, les détrimens de chanvre et de minium, qui engagent les clapets en s'interposant entre eux et leur siége; il arrive alors que les chaudières se vident par les pompes alimentaires, au lieu d'être par elles alimentées; ce cas est extrêmement rare.

Des perturbations de ce genre dans les pompes alimentaires sont presque toujours occasionnées par des détrimens de chanvre et de minium provenant de l'usure des garnitures des pistons et des tiroirs, (1) passant par la sortie des tiroirs, le condenseur, la bâche, et, enfin, la pompe alimentaire.

Une seconde cause de perturbation se reconnaît par l'échauffement des tubes du corps de la pompe et du

_______

(1) Dans les machines que l'on construit depuis quelques années, ces causes de perturbation n'existent plus, parce que les pistons sont métalliques.

corps de pompe lui-même ; elle se produit par le condenseur, qui, à la suite de purgations fréquentes, est trop échauffé (1), parce que l'eau étant refoulée au-dehors, la condensation ne s'opère plus, et la pompe alimentaire n'agit que sur la vapeur, puisque la bâche où elle aspire est vide d'eau ; par suite de cet échauffement, le vide ne se produisant plus dans le cylindre, ni dans le condenseur, la machine ne peut manquer de s'arrêter. Dans cette circonstance, fort rare dans les machines à basse pression, il faut, par des aspersions abondantes d'eau froide, rafraîchir le condenseur et laisser le tube d'injection ouvert jusqu'à ce que cette injection s'établisse elle-même ; on s'aperçoit facilement de cet effet à la chaleur du tube, qui disparaît. Le condenseur est alors assez refroidi pour que la machine puisse produire le mouvement.

Il arrive encore, bien que, dans la chaudière, il n'existe aucun dérangement, de même que dans les coursives, que la pompe alimentaire ne soit pas dérangée, que la chaudière ne fournit que peu ou point assez de vapeur pour la consommation de la machine, que la machine fonctionne mal, que le

---

(1) Cette cause ne se remarque que dans les machines où l'injection n'a point lieu par une pompe foulante, et lorsqu'elle marche à une température élevée.

condenseur est brûlant et que l'alimentation ne s'opère pas. La cause réelle de cette perturbation est la destruction partielle ou complète des garnitures des tiroirs, et des pistons dans celles des machines où ils ne sont point à ressort et métalliques, parce que les garnitures étant détruites, elles laissent libres des passages à la vapeur, qu'alors il s'établit un courant continuel de la chaudière dans le condenseur, et que la vapeur consommée est considérablement plus grande que la chaudière ne peut en fournir; que, par suite de l'échauffement du condenseur, l'eau d'injection est refoulée, que la pompe alimentaire n'alimente pas la chaudière, puisque la vapeur n'étant pas condensée ne se liquéfie pas, et qu'elle n'arrive plus liquéfiée dans la bâche et avec l'eau d'injection qui devait la liquéfier; qu'alors, le niveau baissant, les surfaces de chauffe se découvrent et rougissent; que la vapeur, par suite du découvrement de ces surfaces, se désalaire, et qu'alors une cause que l'on ne peut prévoir peut amener l'explosion de tout l'appareil évaporatoire.

On s'assure du mauvais état des garnitures d'un piston par la soupape à graisse, placée immédiatement au-dessus de la soupape du couvercle du cylindre. Pour cela, voici ce qu'on fait : on introduit la vapeur sous le piston, on ouvre le robinet de la soupape à graisse ; s'il laisse passer de la vapeur, c'est la preuve la plus évidente que le vide ne s'opère plus et que les garnitures sont détruites partiellement ou complètement, selon que la perte de vapeur est plus ou moins grande. Il importe, par conséquent, de refaire ces garnitures au plus tôt.

La garniture des tiroirs doit être, de la part du mécanicien, l'objet d'une attention toute spéciale, car, si l'une des garnitures est plus serrée que l'autre, le tiroir baille et occasionne une perte de vapeur qui sera d'autant plus grande que l'une serait plus serrée et l'autre moins. Le moyen le plus sûr pour s'en assurer est de lever le couvercle du cylindre, placer le tiroir de manière à déboucher un des orifices, ouvrir la commmunication à la chaudière ; si la vapeur sort par le cylindre, la garniture est en mauvais état, par suite du baillement, le tiroir ne s'applique pas juste contre la plaque de frottement (1).

Pour enlever plus facilement les couvercles d'un cylindre, le mécanicien doit profiter de la vapeur restant dans la chaudière, au moment de l'arrivée ou de l'arrêt de la machine ; pour cela, on se sert d'anneaux à vis, qui s'adaptent dans le couvercle du

---

(1) Cette cause se rencontre aussi dans les tiroirs à ressort.

cylindre ; on l'attache solidement à la traverse du piston placé au bas de sa course préalablement ; on enlève tous les écrous qui le tiennent au cylindre, et au moyen du levier à main, on introduit de la vapeur dessous le piston; ce dernier montant, enlève avec lui le couvercle ; on emploie la vapeur restant après cette opération à chasser l'eau contenue dans la chaudière, et dont le mécanicien doit avoir hâte de se débarrasser, car le refroidissement et le repos sont très favorables à la cristallisation, et que, parmi les sels contenus dans l'eau de mer, il en est qui sont insolubles après s'être formés, notamment les sels de chaux et de magnésie.

L'opération de vider la chaudière, en se servant de la pression de la vapeur, ne doit se pratiquer qu'après que les feux sont éteints. La pression ne suffit jamais pour la vider entièrement, et le mécanicien doit s'assurer, par l'apposition de la main sur le tube de communication à la mer, qu'il ne se rafraichit pas, car, dans ce cas, l'eau de la mer s'introduirait dans les chaudières.

Aussitôt qu'une machine est arrêtée et que les feux sont éteints, le mécanicien doit donner l'ordre de commencer le nettoyage immédiatement, défendre aux chauffeurs l'emploi de poussières mordantes, telles que l'émeri et le tripoli ; car ces poussières, tombant dans les articulations, feraient des raies dans les coussinets et sur les tourillons et augmenteraient ainsi le frottement, déjà si considérable dans une machine.

Pendant qu'une partie des chauffeurs fait le nettoyage de la machine, le mécanicien doit faire ouvrir les trous de sel, pour que l'eau chaude, qui n'a pu être chassée de la chaudière par la pression de la vapeur, se répande dans la cale, pour, quand quand elle sera tout à fait écoulée, faire retirer, par ces ouvertures, avec le rabot, tous les sels qui se seront détachés des surfaces planes de la chaudière ; envoyer dans la chaudière un chauffeur battre ceux adhérens aux surfaces de chauffe avec un marteau à peu près semblable à ceux qu'emploient les meuniers pour battre les meules ; enfin, retirer, à la fin de chaque voyage, le plus de sels possible de l'intérieur des chaudières, parceque de l'état de propreté dans lequel elles se trouvent dépendent la sécurité, l'économie et la durée.

Enfin, je termine cette considération sur la conduite des machines en engageant les mécaniciens préposés à les conduire et les chauffeurs eux-mêmes à se bien pénétrer et à rechercher les causes productives des évènemens de tout genre que je viens d'énumérer en partie ; pour engager les armateurs et les capitaines de navires à vapeur à n'employer que des gens capables et ayant subi un examen ; car ils pourront voir, par ce que je viens de dire, que ces sortes d'évènemens impossibles, que l'on est dans l'usage d'appeler un coup de feu, parce que l'on a honte de les qualifier comme il le méritent, sans soi-même s'accuser, ne sont et ne seront jamais que les fruits de l'incapacité.

## LEÇON SIXIÈME

### DES MANOMÈTRES ET DES THERMOMÈTRES.

Avant que la physique ne soit établie par l'observation et l'expérience, les physiciens n'avaient aucune idée exacte de la pesanteur de l'air, et il supposaient tout simplement que l'immensité de l'espace était pleine d'une matière pesante ; que le vide n'existant point, il était tout naturel que l'eau fasse ascension dans un corps de pompe ; mais un homme de génie, dans ces temps, est apparu ; il fut traqué et poursuivi, comme tant d'autres qui l'ont suivi, par d'infâmes ennemis, qui, jaloux de son immense réputation, de sa vie simple, douce et honorable, le firent arrêter et jeter dans les cachots de l'inquisition, parce qu'il soutenait que la terre tournait autour du soleil, et que, comme conséquence de sa rotation et de sa marche dans l'espace, elle renfermait en elle-même et la force centripède et la force centrifuge (1).

Je m'arrête, parce que, si j'énumérais les victimes de la jalousie en citant les délateurs, je blesserais l'amour-propre de trop d'ambitieux de nos jours, et, parce que d'ailleurs, je m'écarterais du sujet scientifique que j'ai à développer, pour me jeter dans le domaine de l'histoire biographique : ceci soit dit en passant.

Galilée avait entrevu le phénomène de la pesanteur de l'air, mais il s'est rappelé l'astuce de ses ennemis, et ce qui lui en avait coûté au tribunal de

_________

(1) La force centripède est une force par laquelle un corps en mouvement autour d'un autre tend à tomber et à s'unir à lui.

La force centrifuge est une force par laquelle les corps qui se meuvent autour d'un corps central tendent à s'échapper par la tangente, cette force et la force centripède, agissant toutes deux sur les planètes, les obligent à décrire des courbes elliptiques et non circulaires. Ces ellipses sont, si je puis m'exprimer ainsi, le seul moyen mécanique que la nature ait employé pour maintenir la marche constante dans les mouvemens des corps célestes.

l'inquisition : il emporta donc son secret dans la tombe. Maintenant, que nous vivons dans un siècle de lumières, combien de reproches semblables n'aurait-on pas à adresser.

Ce fut Torricelli, son élève, qui leva tous les doutes par l'invention du baromètre.

Dès les premiers temps de la physique on savait que l'eau s'élevait à 32 pieds dans les corps de pompes et qu'elle ne dépassait jamais cette hauteur. Torricelli fit la même expérience sur du mercure; à cet effet, il remplit de ce liquide un long tube en verre fermé d'un bout, fit bouillir le mercure dans ce tube pour en faire sortir l'air ; ensuite, il le renversa vivement dans un autre vase ouvert qui contenait aussi du mercure, il remarqua qu'après plusieurs oscillations, que la colonne de mercure demeurait suspendue à une hauteur d'environ 28 pouces (76 centimètres).

De cette expérience, il a été déduit quelle était la différence de densité existant entre le mercure et l'eau ; il trouva que le mercure a une densité 13 fois 1/2 plus forte que celle de l'eau ; ce qui est rigoureusement vrai, puisqu'en comparant le poids de cette colonne de mercure de 76 centimètres avec le poids de celle de l'eau, de 10 mètres 40, on trouve qu'elles se font exactement équilibre, et il fut reconnu en même-temps que la seule pression de l'atmos-phère produisait l'ascension des deux liquides; cette expérience fut l'origine du baromètre.

Tout le monde sait qu'un baromètre est un instrument qui mesure la pesanteur de l'atmosphère, que cet instrument se compose d'un tube de verre recourbé en siphon et bouché d'un bout, que ce tube est plein de mercure, ou bien, qu'il est un tube droit aussi bouché d'un bout et plongeant dans une cuvette remplie de mercure à une hauteur plus ou moins grande.

La hauteur habituelle à laquelle le mercure se soutient, est comme nous venons de le voir à $0^m,76$ centimètres au-dessus de la ligne du niveau, si le tube est un siphon, et à cette même hauteur au-dessus du niveau de la cuvette, si le baromètre, par sa construction, entraîne l'emploi de cette dernière ; ainsi donc, une colonne de mercure de cette hauteur représente ce qu'on appelle une atmosphère.

Quelquefois, au lieu d'une cuvette, le baromètre se compose d'un tube à siphon dont les branches sont parallèles, si je verse du mercure dans ce siphon dont les branches sont tournées en l'air, et que je suppose les deux extrémités débouchées, le niveau sera égal de part et d'autre, puisqu'une pression égale agira sur chacune d'elles; si, maintenant, je

souffle dans l'un des tubes, il est évident que l'air
insufflé forcera le mercure à monter dans l'autre
tube, et qu'il le forcera à monter d'autant plus haut
que la pression établie par l'insufflation sera plus
grande. Si l'on parvient à faire monter le mercure
dans l'autre tube, jusqu'à obtenir une dénivellation
de 0$^m$, 76 centimètres, l'effort sera alors d'une atmosphère, il serait de 2, 3 ou 4, selon que le mercure occuperait une longueur de 1$^m$ 52 cent., 2$^m$
28 cent., 3$^m$ 04 cent., etc. Mais si, au lieu d'agir
par pression, on agit maintenant par aspiration, il
est de même bien évident que le mercure s'élèvera
du côté de l'effort, et qu'il s'élèvera d'autant plus
facilement qu'il sera pressé de l'autre côté par l'at-
l'atmosphère, et si cette colonne acquiert une longueur de 0$^m$ 76 cent., ce qui n'est pas probable,
l'énergie du vide ou l'effort fait par l'aspiration sera
égal à une atmosphère: cet effort sera toujours limité
à cette quantité, encore est-il douteux que l'on parvienne à l'atteindre, puisque la pesanteur de l'atmosphère qui le fait s'élever ainsi est elle-même
limitée à cette puissance. Ainsi donc, on le voit
clairement, l'effort de l'aspiration égale seulement 0$^m$
76 cent., encore n'y arrive-t-on que très difficilement
et avec les appareils les mieux construits. Dans toutes
les machines à vapeur les meilleures pompes à air en

parviennent à obtenir qu'un vide de 73 centimètres.

Maintenant, si je remplace l'effort de pression de l'atmosphère par la pression de la vapeur de la chaudière d'une machine, et l'effort d'aspiration avec la bouche par un effet d'aspiration par une pompe dont le but soit d'obtenir le vide le plus parfait dans le condenseur et le cylindre d'une machine, on aura une idée des moyens qu'on emploie généralement pour obtenir ces résultats.

Comme une colonne de mercure de $0^m$, 76 cent. de hauteur sur $0^m$ 04 cent. carré de surface, est égale à 1 k. 033, ce poids est l'expression réelle de la pesanteur de l'atmosphère sur une pareille surface.

Il est deux espèces de manomètres pour mesurer la pression de la vapeur qui existe dans les chaudières : les uns sont à l'air comprimé, les autres sont ouverts à cuvette ou à siphon ; je ne m'occuperai ici que du manomètre à air comprimé, parce qu'il mesure la pression avec exactitude et qu'il n'est pas sujet à des dérangements fréquents, tandis que le manomètre ouvert a souvent des perturbations singulières qui l'empêchent d'estimer exactement la pression.

Comme le volume des gaz secs qui sont comprimés, est toujours proportionnellement inverse à la force de compression qui agit sur eux, il résulte qu'en comprimant par du mercure, par exemple, une certaine quantité d'air sec dans un tube bien calibré, on éprouvera par l'inspection de ses différents volumes, toute l'énergie qu'il a acquise par l'effort comprimant. Tel est le principe du manomètre bouché ou à air comprimé.

Ainsi, par exemple, dans la figure 2, planche I, le mercure est de niveau égal dans le tube comme dans la cuvette ; si une force agit sur la cuvette et force le mercure à monter jusqu'à B moitié de A D', l'effort de compression sera égal à deux atmosphères ; car comme il y a dans le tube, quand on y introduit le mercure, de l'air qui s'y trouve comprimé jusqu'à la hauteur du niveau de la cuvette, il y a donc au départ du niveau A, la pression d'une atmosphère ; si, maintenant, l'effort de compression fait monter le mercure jusqu'à C moitié de B D', cet effort de compression sera égale à quatre atmosphères, et enfin, il sera égal à huit atmosphères quand il sera arrivé en D moitié de C D' : ces sortes de manomètres se placent indifféremment dans la position horizontale ou verticale.

Dans l'état de repos, il est évident que le manomètre soutient la pression de l'atmosphère;car, si par un moyen pneumatique, on supprimait la pression atmosphérique le mercure de la cuvette s'élèverait, aidé, qu'il serait, par l'air enfermé dans le tube ; et la vapeur d'eau en ébullition n'étant pas supérieure à la pression de l'atmosphère, il s'ensuit que quand la chaudière sera pleine de vapeur, le mercure ne perdra pas son immobilité, alors son niveau sera le même ; ainsi donc, à la hauteur du niveau on peut compter une atmosphère de pression.

Le vide produit dans les condenseurs n'est jamais parfait, parce que la température de cette capacité, celle de l'eau de condensation, après l'effet qu'elle est destinée à produire ; les vapeurs d'eau relatives à cette même température et les défauts d'ajustage sont les causes ordinaires qui s'y opposent. Quand on obtient un vide qui fait monter le mercure du baromètre à $0^m$ 70 centimètres, c'est tout ce que le mécanicien peut désirer. Le baromètre que l'on applique au condenseur pour mesurer le vide se compose d'un tube de verre ouvert par les deux bouts, le bout d'en bas plonge dans une cuvette remplie de mercure, et exposée à l'air libre, celui d'en haut est mis directement en communication avec le condenseur ; la division de l'échelle est la division du mètre partant du niveau de la cuvette.

Le thermomètre est un instrument destiné à mesurer le calorique libre, et son application aux chaudières est tout à fait indispensable pour qu'il soit une garantie certaine contre les explosions, par son contrôle avec les manomètres, car ce contrôle fait connaître si la vapeur se désature.

Les principes de tous les thermomètres sont les mêmes ; les échelles sont seules différentes. Les Français se servent d'échelles centigrades et d'échelles de Réaumur, c'est-à-dire, que le 0 de l'échelle correspond dans l'un et l'autre au point de congélation de l'eau distillée, et le 100ᵉ degré pour le thermomètre centigrade, et le 80ᵉ pour le thermomètre Réaumur, à la chaleur de l'eau distillée en ébullition, dans un vase métallique ouvert, ou à la pression de $0^m 76$ centimètres. Comme le thermomètre de Réaumur correspond avec le thermomètre centigrade au point de congélation d'eau distillée, mais le terme de l'eau bouillante ne correspond qu'au 80ᵉ degré, il est donc facile d'obtenir, par une simple proportion, la valeur en degrés centigrade des degrés Réaumur et réciproquement.

Quant au thermomètre Farenheit les termes de congélation et d'ébullition étant, le premier, 32 degrés, et le second, 212 degrés, il s'en suit que le nombre de degrés intermédiaires est de 180 degrés ; alors pour connaître la valeur en degrés centigrades ou degrés Réaumur d'un nombre N de degrés Farenheit ; on fait cette proportion :

$$180 : 100 :: N - 32 : x.$$

Je vais éclaircir par deux exemples :

### 1.er *Exemple.*

Je suppose qu'on veuille savoir à combien de Réaumur correspondent 120 degrés Farenheit : on a cette proportion

$$180 : 80 :: 120 - 32 : x$$

En faisant l'opération, on trouve que la valeur de l'inconnu, ou de $x$, égale 44 degrés 2/3.

### 2.e *Exemple.*

Je suppose que l'on veuille savoir à combien correspondent, en degrés centigrades, 120 degrés Farenheit ; on a cette proportion :

$$180 : 100 :: 220 - 32 : x$$

En faisant l'opération, on trouve pour la valeur de l'inconnu ou de $x$, 104 degrés 2/5.

C'est à un Hollandais, nommé Drebbeel, que l'on doit l'invention du thermomètre ; maintenant on ne se sert plus que de ceux dont je viens de parler ; ils sont construits d'après les principes de Réaumur et de Farenheit, et sont composés d'un tube en verre terminé par une boule.

On conçoit que si je place dans un appareil de ce genre un liquide quelconque, du mercure, par exemple, en vertu du principe de la dilatation par la chaleur et de la contraction par le froid, il montera et descendra dans le tube en raison de la température ; et si je choisis des bases invariables pour me servir de mesure, rien ne me sera plus facile que de comparer le degré de chaleur ou de froid observé avec cet instrument.

L'intervalle qui sépare le degré de température où l'eau bout, c'est-à-dire, où elle se change en vapeur avec force et rapidité, et celui où elle passe de l'état de glace à l'état liquide, donne toujours une mesure constante se retrouvant facilement, et par conséquent très propre à servir de comparaison. En effet dans tous les lieux, l'ébullition ou la liquéfaction à toujours lieu au même degré de température ; et ce terme est invariable tant que dure le changement d'état d'un corps quelconque ; ainsi, quelle que soit la température à laquelle on expose l'eau bouillante et la glace fondante, jamais on ne peut leur faire prendre un degré de chaleur de plus. Rien n'est donc plus sûr pour servir de mesure certaine pour la construction d'un thermomètre. Cependant il est quelques causes d'erreur à craindre, et qui influent sensiblement sur le degré de chaleur auquel l'eau change d'état ; au nombre de ces causes sont, les sels en dissolution dans l'eau avec laquelle on opère, ou quelqu'autre corps combiné ou en suspension avec elle, comme aussi la nature des vases que l'on emploie, par exemple, dans un vase de verre blanc l'eau peut entrer en ébulliton à 100 degrés 1/4 environ ; si on jette dans ce même vase de verre, du verre pilé fin, sans cependant, qu'il le soit assez pour être impalpable, l'eau bouillera à 100 degré 1/3 environ ; si on y jette de la limaille de fer, elle bouillera à 100 degrés, et enfin, dans tous les vases métalliques, l'eau distillée, c'est-à dire l'eau de laquelle on a extrait par la distillation toutes les substances qu'elle contient, bout à la température constante de 100 degrés centigrades, 80 de Réaumur et 212 de Farenheit, et c'est lorsque le mercure, l'esprit ou tout autre liquide contenu dans la boule d'un thermomètre est monté à une certaine hauteur dans le tube et que l'ébullition continuant il reste stationnaire, que l'on marque à ce point une ligne sur laquelle on écrit 80, ou 100 ou 212, selon l'échelle que l'on veut avoir.

Maintenant, je vais essayer de prouver théoriquement que tous les liquides indifféremment peuvent être employés à la construction d'un termomètre et que quelques-uns y sont plus propres que les autres. Dans le commencement de ces instruments, il parut tout naturel d'employer l'eau à leur construction, parce que ce liquide est très répandu

dans la nature et que l'on n'éprouve aucune diffi-
culté à le trouver, mais on reconnut bientôt après
qu'il fut employé, qu'il offrait le phénomène extraordinaire d'être à son plus grand état de contraction à 4 degrés au-dessus du terme de congélation, au lieu de continuer à se contracter davantage
comme le font tous les autres corps, et ensuite,
conséquence inévitable de ce phénomène, qu'il se
dilatait par un abaissement de température, partant de 4 degrés au-dessus de la congélation, il fut
donc rejeté comme ne remplissant pas le but que
l'on se proposait.

C'est alors que Newton essaya d'employer l'huile,
mais comme elle joint à l'inconvénient de sa demi
solidité, celui de ne pas pouvoir servir dans les basses températures : elle fut donc aussi rejetée. L'esprit de vin fut employé sans beaucoup plus de
succès, car il a le désavantage de bouillir à une
température fort peu élevée, et de se dilater inéga-
lement. Cependant il est encore en usage, parce
qu'on a remarqué qu'il mesurait les basses températures avec assez d'exactitude. Ensuite on essaya
le mercure, et on réussit; en effet, ce dernier ne
présente aucun des inconvénients précédents : il se
dilate également et est liquide à de très basses
températures, environ 42 degrés au dessous de la

congélation de l'eau pure, et qu'il ne bout qu'à environ 350 degrés au-dessus du même terme ; qu'enfin il est sensible à la moindre variation de température.

Maintenant, il me reste à essayer de donner une idée des détails nécessaires pour bien construire les thermomètres, ainsi que pour bien diviser leurs échelles.

On doit commencer par introduire du mercure dans la boule, par le haut du tube, jusqu'à ce qu'elle soit pleine même à la hauteur de quelques centimètres dans le tube : (cette hauteur est arbitraire, puisque l'échelle ne se gradue qu'après que le tube est purgé de l'air qu'il contient et qu'il est fermé)(1), ensuite on le plonge dans un vase métallique rempli d'eau en pleine ébullition et on l'y plonge le plus profondément possible, puis on le tient suspendu jusqu'à ce qu'on remarque que le mercure reste stationnaire, c'est-à-dire qu'il ne monte

----

(1) Je suppose dans ce cas le tube assez long pour avoir une échelle de plus de 100 degrés ; dans le cas contraire, on ne ferme le tube qu'après la graduation de l'échelle, ou, s'il est fermé, on se sert, comme étalon, d'un bon thermomètre déjà fait, que l'on plonge aussi dans le liquide en ébullition, et on marque sur l'échelle du thermomètre à construire une ligne sur laquelle on écrit le degré marqué par le thermomètre étalon.

plus dans le tube, en cet état il y a équilibre de température, alors on marque un trait au niveau de la colonne de mercure, et l'on écrit à la hauteur de ce trait le nombre de degrés exigés par le système que l'on veut employer; ensuite on plongera le même thermomètre dans de la glace fondante, et lorsque le mercure sera de nouveau stationnaire on marquera à ce niveau 0 degré si l'on veut Réaumur ou centigrade, et 32 degrés si l'on veut Farenheit; on divise également l'intervalle existant entre le terme de la glace fondante et le terme de l'ébullition en 80, 100 ou 180 parties, selon l'échelle que l'on veut tracer et on continue ainsi à tracer les mêmes divisions en dessus et en dessous de ces deux termes.

# LEÇON SEPTIÈME.

## DU GALVANISME ET DE SON EFFET DESTRUCTEUR.

Avant de citer par un exemple l'effet destructeur du galvanisme, je crois devoir donner une idée théorique de l'électricité ; pour cela, je réclame d'avance l'indulgence de mes lecteurs, si je ne suis point aussi élémentaire que je pourrais désirer de l'être, mais cette leçon est de la physique si avancée que moi-même je crains de rester au-dessous de mon sujet, aussi me bornerai-je à dire seulement ce qu'est l'électricité.

Dans certaines circonstances, tous les corps mis en contact deux à deux, sont susceptibles de développer de l'électricité ; et alors, il est facile de comprendre combien cet effet doit se rencontrer fréquemment dans tous les agents mécaniques, et particulièrement dans les machines à vapeur, où toujours des métaux de différentes espèces sont en contact et mouillés par de l'eau salée. Pour ne pas m'élever au-dessus de l'intelligence de ceux pour lesquels j'écris, je me bornerai à ce qu'il y a de positif dans cette branche de l'électricité par contact ou du galvanisme, en indiquant les substances qui agissent avec le plus d'énergie, dans quelle condition, et les principaux résultats de son action.

L'électricité par contact fut découverte par Galvani, en préparant des grenouilles, par ce qu'il les toucha par hasard avec du fer et du laiton, alors il fût frappé de ce phénomène remarquable, par de violentes contractions dans les muscles, et des convultions dans tous leurs membres : il varia ses expériences et il reconnut que ces effets étaient dus au contact de deux métaux, et se reproduisaient toujours lorsque l'on faisait communiquer un nerf et un muscle; mais bientôt une analyse plus exacte démontra l'identité complète de l'électricité et du galvanisme.

Volta remarqua d'abord que tous les animaux en général n'éprouvaient de convulsions qu'autant que l'on mettait en communication les nerfs et les muscles au moyen de deux métaux; il remarqua encore qu'en mettant sur les deux surfaces de la langue une plaque d'un métal différent, on ressentait à l'instant du contact des deux plaques un goût particulier, et qu'il sortait de légères étincelles par les yeux; il essaya de diverses substances et il trouva que le meilleur exitateur était le zinc mis en contact avec le cuivre ou l'argent, et se communiquant par un liquide salé, mais particulièrement par de l'acide sulfurique étendu d'eau.

Maintenant que j'ai fait voir que le contact de deux métaux différents et en communication par un liquide acidulé est une source constante d'électricité, il sera bien évident aux yeux de tous que les corps qui la produisent, ne peuvent la produire qu'aux dépens d'eux mêmes et en s'usant promptement; de là la production d'évènements qui se rencontrent quelquefois dans les machines où l'eau de la mer est employée à produire de la vapeur, parce que cette eau étant salée aide les métaux en contact à dégager une plus grande quantité d'électricité. Toutes les fois qu'il y a dégagement d'électricité par contact, les corps qui la produisent sont toujours constitués en des états différents, et ils présentent le phénomène constant de repousser les corps chargés d'électricité de même sorte, et d'attirer ceux chargés d'électricité contraire ; parce que dans le premier cas les deux corps manquent ou sont surabondamment pourvus de fluide électrique ; tandis que dans le second l'un étant plus chargé que l'autre ils se partagent leur quantité de fluide et se mettent en équilibre.

Les corps sont rangés en deux classes par rapport à l'électricité ; ils sont rangés en bons et mauvais conducteurs ; mais ils n'ont aucune faculté en rapport avec leurs facultés conductrices.

L'expérience a appris que les métaux, presque tous les liquides, la vapeur d'eau, les substances végétales et animales, la paille, le lin, sont de fort bons conducteurs ; que les substances résineuses, vitreuses, les graisses, le soufre, la soie, les gaz secs en sont de fort mauvais. On appelle bons conducteurs les corps qui transmettent instantanément toute l'électricité qu'on leur fournit, celle dont ils

sont chargés; et mauvais conducteur les corps qui
ne partagent pas leur état électrique avec les corps
qui les environnent. Si l'on présente le doigt à un
corps et qu'il en sorte des étincelles on reconnaît
qu'il est électrisé, mais cela ne donne pas la mesure
de la quantié d'électricité qu'il contient : aussi em-
ploye-t-on des instruments avec lesquels en reconnaît sa présence et sa nature, et avec lesquels
on apprécie jusqu'à son plus petit degré d'énergie ,
cet instrument se nomme un électromètre : et ceux
à l'aide desquels on en reconnaît jusqu'à 'a plus
petite quantité sont les électrophores et les condensa-
teurs.

Maintenant pour ne pas m'étendre jusqu'à une
discussion qui , quelqu'abrégée qu'elle puisse être,
deviendrait au-dessus de l'intelligence des commen-
çants pour lesquels j'écris , et devant laquelle leur
bonne volonté se briserait, je vais terminer cette
leçon sur le galvanisme en rappelant un accident
causé par son effet destructeur à bord du bateau à
vapeur de 160 chevaux le *Pélican* et en recomman-
dant aux constructeurs de machines de n'employer
pour lier aux chaudières et dans la partie qui est en
communication avec l'eau, les tubes de la pompe
alimentaire, les tubes de vapeur, les tubes d'extraction, et partie de ces tubes eux-mêmes qui peuvent

être mouillés par l'eau de mer, que des brides et des boulons homogènes c'est-à-dire dans le même métal que celui des chaudières.

Voici ce qui arriva à bord du *Pélican* dont les tubes s'étaient détruits par le galvanisme. (1)

On allait mettre les machines en train pour atteindre le port de la Corogne, mais à peine avait-on atteint la pression nécessaire, que les différents tub: liés à la chaudière pour le service de la machine, tels que les tubes d'extraction, et les tubes alimentaires; ces tubes étaient en cuivre ainsi que la chaudière, ils étaient liés par des boulons en fer que le galvanisme avait détruit, ils se détachèrent et une grande masse d'eau se répandit dans la cale et sur les mécaniciens et chauffeurs qui furent horriblement brûlés : la machine ne put être remise en marche, et il fallut au milieu d'une mer affreuse se résigner à prendre la bordée du large, et a mettre à la cape au moyen des voiles ; mais avant d'arriver à cette allure que de dangers les hommes ne coururent-ils pas, car il fallut démonter les aubes des roues et plusieurs d'entr'eux faillirent être enlevés par la mer, le bâtiment dériva pendant 22 jours, et il rentra à

(1) Cette notice est extraite du *Manuel du constructeur des machines à vapeur*, par Janvier, officier de la marine royale.

Toulon 45 jours après son départ de ce port pour Brest.

Enfin, je ne puis trop le répéter, toutes les fois que deux métaux en contact seront de deux espèces différentes, ils dégageront de l'électricité et le plus gros se conservera en détruisant le plus petit; que l'humidité, la chaleur, les sels et les acides, aideront encore à la prompte destruction des métaux en contact, et des avaries et des accidents du genre de celui que je viens de rapporter tel qu'il s'est passé à bord du *Pélican*, se renouvelleront dans les machines où le constructeur n'aura pas évité un pareil défaut de construction.

Je reste à cet abrégé de quelques phénomènes galvaniques, ce qui au reste est suffisant pour prouver qu'il n'est rien autre chose que l'électricité, parce que si je voulais m'y étendre davantage, je serais forcé d'entrer dans des détails théoriques abrégés sur l'électricité vitrée et sur l'électricité résineuse, ce qui m'entraînerait à développer les principes de la formation de le grêle, des orages, et les phénomènes que présente le tonnerre, pour de là, arriver par une théorie tout-à-fait abstraite, à prouver l'efficacité des paratonnerres, ce qui n'a point trait aux machines à vapeur. Pour renseignements plus complets, voir les *Annales de physique et de chimie* de

MM. Arago et Gay-Lussac, et la *Théorie électro-magnétique* de M. Ampère.

# LEÇON HUITIÈME.

## DESCRIPTION DES PIÈCES QUI ENTRENT DANS UNE MACHINE DE BATEAU A VAPEUR.

### AUBES.

Surface carrée longue placée à l'extrémité des rayons des roues, et qui en choquant l'eau fournissent au navire une vitesse quelconque, de leur vitesse beaucoup plus que de leur étendue de surface dépend la résistance qu'elles opposent. En bonne construction la vitesse des aubes doit dépasser de très peu celle du navire.

### ALIMENTATION.

En raison des dérangemens fréquens des soupapes des pompes alimentaires, il est utile que leur démontage soit facile. Les dimensions des pompes doivent être telles que le volume d'eau qu'elles projettent dans les chaudières soit plus considérable que la machine n'en consomme en vapeur, afin qu'elles puissent aussi suffire à l'extraction. Dans les machines bien montées, une pompe, mue à bras d'homme, remplace les pompes alimentaires quand elles vont mal, ou que la machine est arrêtée.

## AIR.

Lorsque l'air s'introduit dans les condenseurs par des fissures ou des joints mal faits, ils est un obstacle à la fonction des machines.

L'air, par l'oxigène qu'il contient, est indispensable à la combustion ; la quantité qui est nécessaire à la houille en combustion est en moyenne, par force de cheval, d'environ 6 mètres cubes par heure.

Ainsi, dans une machine de 160 chevaux, la quantité d'air nécessaire à la combustion est, par heure, de 9,600 mètres cubes. Si l'on brûlait du bois, il en faudrait un quantité double.

## ARBRES DE COUCHE.

Dans toutes les machines fonctionnant sur mer, cet arbre est en trois morceaux : sur celui intermédiaire, les manivelles sont fixées à angle droit ; par cette disposition, les pistons ne sont jamais ensemble à leur point mort, et ils s'entr'aident réciproquement à les dépasser ; sur les deux autres parties de cet arbre, sont montées les roues et l'autre partie des manivelles coudées.

## BASSE PRESSION.

On appelle machines à basse pression celles qui fonctionnent avec de la vapeur tendue de 143 à 150 millimètres en plus de la pression de l'atmosphère, ou la température de 105 degrés à 105 degrés 1/2, ce qui correspond à une atmosphère d'un cinquième environ.

## BALANCIERS.

Ce sont les pièces marqués BB ; ils servent à transmettre le mouvement de rotation à l'arbre de couche par la tête, sorte de grande bielle ajustée, conique sur une traverse tenue au balancier ; ils reçoivent le mouvement de la traverse des pistons TT par les bielles partant de cette traverse. Sur les balanciers, sont les points moteurs des bielles de la pompe à air et des pompes alimentaires, ainsi que des tringles Q du parallélogramme.

## BÂCHE.

On appelle bâche la capacité qui surmonte le condenseur, et qui paraît faire suite avec lui. On verra, planche I, une machine coupée, et on sera convaincu qu'elle n'en est séparée. La bâche re-

çoit l'eau d'injection qui arrive par I, en passant
par les clapets 4, 5, 6, en suivant la direction des
flèches, en soulevant les clapets des pistons des
pompes à air, des clapets des bâches, d'où, tout ce
qui est en trop pour l'alimentation, s'écoule à la
mer par X ; le sommet des bâches sert toujours de
point d'appui aux bâtis des machines,

### BATIS.

Les bâtis sont une espèce de charpente en fonte
de fer qui donnent appui à une grande partie du
mécanisme des machines ; il sont tenus par des
boulons à écrous sur des pièces de charpente en
bois à fond de cale ; ces pièces de bois se nomment
les carlingues.

### BIELLES.

En général, les bielles sont des pièces en fer qui
transmettent, en poussant et en tirant, le mouvement à d'autres pièces du mécanisme.

### BOITES A ÉTOUPE.

Les boîtes à étoupe sont des boîtes en fer, dans
le milieu desquelles passent les tiges des pistons moteurs des pompes à air, des pistons des pompes alimentaires et les tiges des tiroirs. On les emplit avec
des tresses de chanvre grasses, que l'on y presse for-

tement par une autre pièce mobile qui rentre dans la boite, forcée par deux ou trois boulons à écrou ; c'est cette pièce mobile que l'on appelle presse-étoupe, et qui a dans sa partie supérieure un réservoir creusé en demi-sphère, dans laquelle on met la graisse destinée à lubréfier la tige des pistons qu'elle enveloppe.

## BOULON.

Sorte de cheville de fer à tête ronde, carrée ou six pans, dont un bout est percé, pour recevoir une clavette, ou filtré pour recevoir un écrou.

## BUTOIR.

On appelle butoir un taquet en fer fixé sur l'arbre de couche pour buter contre un adent fixé à l'excentrique ; par cette disposition, on peut, au moyen d'un levier à main, faire commencer la machine à marcher en arrière, et faire continuer le mouvement par la machine elle-même quand la tringle d'excentrique est embrayée ; mais comme il y a toujours un temps perdu par un changement par le mouvement des machines, il y a sur l'arbre de couche, par environ un angle de 120 à 125 degrés, un deuxième butoir, ou sur l'excentrique, par ce même angle, un deuxième adent, dans le cas où il n'y a qu'un butoir sur l'arbre de couche.

## BARREAU DE GRILLE

Les barreaux de grille sont en fonte ; ils sont écartés, les uns des autres, d'environ un centimètre ; leur forme, lorsqu'ils sont en place, est celle d'un triangle dont la base serait en haut ; par cette disposition, les escarbilles tombent dans les cendriers avec plus de facilité.

## CHAUDIÈRE

Appareils évaporatoires. On distingue dans les chaudières des machines à basse pression le fourneau, qui comprend la grille, l'autel (sorte de cloison en briques placée derrière la grille), l'âtre et le cendrier ; les surfaces de chauffe du foyer, celles latérales ou de côté, celles du fond et les carneaux, qui prennent immédiatement après l'autel ; ils sont parcourus par la flamme, la fumée et l'air échauffé ; ils aboutissent à la cheminée, et sont constamment entourés d'eau ; leur étendue entière est ce qu'on appelle surface de chauffe. Les coursives sont les vides réservés intérieurement entre les carnots ; elles sont constamment pleines d'eau.

La face du devant des chaudières porte des tubes en verre, des robinets jauge, des tirans, des soupapes de sûreté, les manomètres et les thermomètres, la porte des fourneaux et les trous de sel ; la face de derrière porte aussi des trous de sel : ces trous servent au nettoyage des chaudières.

Sur le dôme sont le trou d'homme et la soupape atmosphérique.

### CENDRIER.

Partie du fourneau où tombent les cendres et les escarbilles.

Les mécaniciens doivent veiller à ce que les chauffeurs ne laissent point accumuler trop la cendre dans les cendriers ; quand ils sont obscurs, les grilles sont engagées ou le feu mal conduit.

### CHEMINÉE.

Gros cylindre de tôle, saillant au-dehors du navire ; il convient qu'elle soit bien attachée pour qu'elle fatigue le moins possible à sa base contre la chaudière.

Je crois que ce serait une amélioration que de les faire plus courtes et légèrement coniques.

### CHANVRE.

Filament qu'on emploie pour garnir les pistons et les boîtes à étoupe ; on l'emploie en tresse, imprégné de corps gras.

### COMBUSTION.

La combustion se manifeste dans un corps combustible par la combinaison de ce corps avec un principe particulier qui se trouve dans l'atmosphère, et que l'on nomme oxigène.

Le dégagement de calorique est le résultat de cette combinaison.

### CALES.

Quand les coussinets sont usés jusqu'à produire du jeu, il convient de les serrer de manière que leur centre ne soit pas changé ; à cet effet, on passe au-dessus et au-dessous des coussinets à serrer une ou plusieurs feuilles de cuivre mince, alors on remet les brides avec les clavettes ou les écrous ; ce sont ces plaques ajoutées que l'on appelle cales. Il est essentiel de ne s'en servir que dans le cours du voyage, et de remplacer les coussinets usés dans le premier port où l'on aborde.

### CHARIOT D'EXCENTRIQUE.

On appelle chariot d'excentrique la pièce circulaire en bronze qui embrasse l'excentrique et qui transmet à la tringle la poussée ou l'attraction qu'il a reçue de l'excentrique ; il est très important de veiller à ce que les écrous de cette pièce ne se desserrent pas d'eux-mêmes pendant la fonction de la machine.

### CHEVAL.

On désigne en force de cheval la puissance des machines à vapeur.

Le cheval-vapeur est égal à 4,500 kil., à élever à un mètre de hauteur dans une minute, ou à 75 kil. élevés à la même hauteur dans une seconde.

J'expliquerai dans la dernière leçon (résolution de plusieurs problèmes), le moyen pour calculer la force d'une machine.

### CHOCS.

Le desserrement des clavettes est le plus souvent la cause des chocs ; on les corrige en frappant sur la tête des clavettes, avec un marteau en cuivre pour ne pas les écraser.

S'ils proviennent de l'usure des coussinets, il faut les corriger en les callant au premier moment de repos ; la plupart se reconnaissent à l'oreille et au toucher.

### CLAPETS.

Les clapets sont des soupapes à charnières ; les clapets des pistons des pompes à air, plus que tous les autres, doivent être mis à l'abri des effets destructeurs du galvanisme. Combien de navires ont été sur le point de se perdre parce que les mécaniciens

avaient souffert au piston des clapets en métal différent.

### CLAVETTES.

Ce sont deux petites barres carrées en fer : l'une
est munie de deux talons maintenant l'écartement
de la chappe ; l'autre est sans talon et glisse sur la
première. Elles sont toutes deux coniques, et, dans
leur montage, pour qu'elles affectent ensemble
d'être cylindriques, on met la partie la plus large
de l'une en contact avec la partie la plus étroite de
l'autre ; ces clavettes ont un grand avantage sur les
clavettes à coin, en ce qu'elles produisent un serrage
plus sensible avec moins de longueur de tête à la
clavette mobile, et qu'elles sont moins sujettes à se
desserrer.

### CLÉ.

On appelle ainsi le manche des robinets et les
outils en fer qui servent à serrer et à desserrer les
écrous d'une machine.

Quand aux clés des robinets, comme il y en a à
deux, trois et quatre fins, il est utile qu'un mécanicien qui entre en fonctions les démonte pour les
bien étudier.

### CYLINDRE.

Une paire de machines ordinaires de bateaux,

lorsqu'elle est à basse pression, comporte six cylindres, dont deux, les plus grands, servent au développement de la force motrice, les deux moyens à produire le vide par le jeu des pistons ; ils sont appelés dans leur ensemble pompes à air ; les deux plus petits sont ceux des pompes alimentaires.

### CONDENSEUR.

Le condenseur est la partie de l'appareil où s'opère la condensation de la vapeur au moyen de l'injection en pluie ; cette injection est favorisée par le vide produit dans le condenseur et par l'immersion du navire, sa prise d'eau étant au-dessous.

Les mécaniciens doivent souvent consulter la température des condenseurs en y apposant la main ; s'ils sont trop chauds, le vide ne se produit pas bien et l'injection n'est pas assez abondante.

### COUPS DE PISTON.

Le coup de piston se compose de tout le chemin parcouru par le piston en montant et en descendant, c'est-à-dire qu'il se compose de deux fois la longueur du cylindre, ou d'une révolution complète de l'arbre de couche.

La vitesse ordinaire des pistons est d'un mètre par seconde ; mais cette vitesse est variable, tantôt par les vents contraires, tantôt par une surcharge du navire.

## COURONNE DES PISTONS.

C'est un anneau en fonte servant à presser le chanvre faisant garniture autour du piston; c'est avec des boulons qui le traverse sur tout son contour et qui se vissent dans les écrous noyés dans le piston qu'on obtient le serrage de la garniture.

## COURSE DE PISTON.

La double longueur des manivelles, prise de centre en centre, est la longueur exacte de la course d'un piston.

## COUSSINETS.

Les coussinets sont en bronze et fixés en place par les paliers, qui se serrent au moyen d'écrous. Une lumière, pratiquée dans le palier, est surmontée d'un godet; cette lumière correspond à une autre lumière, percée dans le coussinet, et donne passage à l'huile.

## CHEMISES.

Enveloppes en fonte dans lesquelles sont les cylindres moteurs; on les emploie pour éviter la perte de chaleur par rayonnement; mais comme il existe entre la chemise et le cylindre moteur un intervalle de 5 à 6 centimètres, dans lequel passe la vapeur avant que d'arriver à chasser le piston, il résulte que la perte de chaleur par rayonnement, que l'on voulait éviter est, au contraire, augmentée, puisque la perte de chaleur est proportionnelle à l'étendue des surfaces rayonnantes.

On appelle aussi chemise une enveloppe en tôle qui entoure la cheminée à la hauteur de 2 mètres, partant de sa base; cette chemise est destinée à garantir la cheminée des coups de mer, qui la détruiraient promptement.

## DÉCHIRURES.

Une chaudière qui contient de la vapeur trop tendue et dans laquelle le niveau est bon, se déchire dans sa partie la plus faible; les déchirures ont lieu dans ce cas presque régulièrement. Si, au contraire, le niveau était trop bas, sans cependant qu'il soit assez bas pour que les surfaces de chauffe soient découvertes, la déchirure serait irrégulière.

## DÔME DE LA CHAUDIÈRE.

Le dôme de la chaudière est la partie où est pratiquée le trou d'homme, où s'adaptent les soupapes de sureté et où prend naissance le tube de vapeur.

### DISQUE DES ROUES.

Les disques des roues sont des plateaux en fonte à rainures, auxquels aboutissent tous les rayons des roues; les disques sont fixés sur l'arbre de couche par des clavettes fortement serrées.

### DIAPHRAGME.

Plaque à coulisses, bouchant le tube de trop plein de la bâche lorsque la machine ne fonctionne pas, parce que ce tube étant presqu'au niveau de la mer, les vagues pourraient jeter par ce tube, dans la bâche, des corps étrangers, qui pourraient venir engager les clapets de la pompe à air, de la pompe alimentaire et aussi celui de la bâche.

### DILATATION.

Les inégalités de la dilatation produisent quelquefois des fuites de vapeur par les joints, ou gênent la machine dans sa marche; ce dérangement se corrige de lui-même lorsque toutes les pièces sont échauffées.

### EMBRAYAGE.

L'embrayage est l'action de laisser tomber la tringle d'excentrique sur le tourillon du levier qui fait mouvoir le tiroir. On ne doit embrayer que lorsqu'on a terminé de manœuvrer avec le levier à main et que la machine paraît devoir continuer à marcher pendant un certain temps.

## ÉCROU.

Petite pièce de métal, taillée à quatre ou six pans, percée et filtrée pour pouvoir visser sur des boulons. Quelquefois, par la nature de leur service, ils se desserrent d'eux-mêmes; on obvie à cet inconvénient en ajoutant un contre-écrou serrant contre le premier.

## EXCENTRIQUE.

L'excentrique est une pièce en fonte et que'quefois en fer; il sert à faire mouvoir le tiroir, en lui communiquant, par le chariot d'excentrique et la tringle, le mouvement de va-et-vient.

## ENTRE-TOISE.

L'entre-toise est une pièce qui sert à maintenir l'écart des têtes de bâtis.

## FREIN.

C'est un appareil avec lequel on mesure avec beaucoup d'exactitude la puissance de l'arbre tournant d'une machine que'conque.

J'en parlerai plus au long à la résolution de quelques problèmes.

## GRILLES.

On appelle grille une réunion de barreaux en fonte ou en fer, placés les uns à côté des autres, et laissant entre eux des jours, pour que les cendres et les escarbilles produites par la combustion de la houille ou autre corps combustible tombent dans les cendriers, d'où les chauffeurs les retirent pour les jeter à la mer. La production de la vapeur dépend en partie de la plus ou moins bonne disposition des grilles des carneaux et de l'aire de section de la cheminée. La somme des surfaces d'ouverture des cendriers doit être environ d'un cinquième plus grande que la surface de la cheminée ou de son aire de section.

Les grilles s'engagent souvent pendant que les machines sont en fonction; on s'en aperçoit en les regardant en dessous et quelquefois par l'obscurité des cendriers. Ces points obscurs sont le résultat de l'engagement des grilles; il convient de les dégager des cendres et des escarbilles qui les obstruent aussitôt qu'on s'en aperçoit.

## GUEULARD.

Ouverture des fourneaux par où s'introduit la houille (le charbon).

## GUIDES DU PARALLÉLOGRAMME.

Ce sont des tringles en fer, marquées dans la planche FG; ces pièces méritent un soin tout particulier, parce que de leur mauvais état résulte le faussement ou même la rupture du piston ou de la tige.

## INJECTION.

L'injection est l'agent principal de la condensation de la vapeur; à cet effet, l'eau d'injection arrive en plein au milieu du condenseur par une boule en forme de pomme d'arrosoir, sollicitée par la compression du navire sur le liquide dans lequel il est immergé et par l'effet aspirateur du condenseur. Le tube par lequel elle arrive dans le condenseur se nomme tube d'injection; il est toujours muni d'un robinet qui sert à supprimer l'injection quand la machine est arrêtée ou à la diminuer ou à l'augmenter au besoin, selon que l'on marche avec une vapeur plus ou moins tendue; il est convenable de fermer le robinet du tube d'injection lorsque l'on arrête la machine, parce que sans cette précaution le condenseur pourrait s'emplir, et la machine ne serait plus apte à produire le mouvement.

## JOINTS.

Les joints doivent être de la part d'un mécanicien

l'objet d'un soin tout particulier, ceux du condenseur entr'autres, car, s'il laisse la moindre issue à
l'air atmosphérique, le vide est contrarié, et comme il est bien évident, par ce que j'ai dit précédem-
ment, que les machines à basse pression ne fonctionnent qu'en vertu d'un vide de 68 à 70 cent.,
c'est-à-dire d'un vide presque parfait, la puissance
de la machine en serait considérablement diminuée
si, toutefois, elle n'était dans l'état de ne pas pouvoir
fonctionner.

## JAUGES.

Les jauges sont des tubes en verre placés au devant des chaudières ; par ces tubes, on est à même
à chaque instant de voir le niveau. Les chaudières
ont encore des robinets appelés robinet-jauges ; ils
sont placés diagonalement en s'élevant à 0,085 environ de distance l'un de l'autre. La hauteur de l'eau
doit toujours être entre le plus haut et le plus bas.

## JOUG OU TRAVERSE.

Ces deux noms s'appliquent à l'une ou à l'autre
pièce en fer forgé, marquée H A, sur cette pièce
s'ajuste coniquement et à clavette, la tête de la tige
du piston : la pompe à air est mue au moyen d'une
pièce semblable.

### LEVIER A MAIN.

Le levier à main est une pièce faisant partie de
celle dont l'ensemble s'appelle la mise en train ; il
sert à mouvoir le tiroir lorsque la tringle d'excentrique est décrochée.

### LIMBES.

On donne ce nom aux parties de cercle qui
lient ensemble l'extrémité des rayons des roues.

### MANIVELLES.

Les manivelles sont des pièces en fer forgé, elles
reçoivent tout l'effort des pistons et font tourner
les roues ; le tourillon placé à leur extrémité et par
lequel elles sont liées au té, s'appelle la soie.

### PISTONS.

Une machine à basse pression a trois sortes de
pistons : le piston qui sert au développement de la
force motrice, celui de la pompe à air, et le piston
de la pompe alimentaire.

Le pourtour d'un piston est cannelé de presque
toute son épaisseur pour recevoir une garniture de
tresse de chanvre empreigné de corps gras, qui
sert à établir le contact pour le rendre imperméable
à la vapeur.

Le piston d'une pompe à air souffre moins que le piston moteur de la médiocrité de ses garnitures, parce que la couche d'eau qui se trouve constamment au-dessus de sa surface supérieure, établit avec beaucoup plus d'exactitude que ne ferait la tresse, le contact nécessaire pour que le vide se produise.

Le piston s'ajuste coniquement à la tige de piston et s'arrête en-dessous au moyen d'une clavette et d'un écrou.

Le piston de la pompe alimentaire est en cuivre cylindrique, et de toute la longueur du corps de pompe; il passe dans une boîte à étoupe et aspire l'eau pendant son ascension et la refoule quand il descend.

Quand les garnitures sont neuves elles broutent et font le frottement plus dur.

Un mélange de graisse et de mine de plomb pilée presque impalpable, suffit pour adoucir le frottement.

### PARALLÉLOGRAMME.

Les balanciers en oscillant font parcourir aux grandes bielles, pendantes à la traverse du piston, un arc de cercle qui les portera tantôt en avant tantôt en arrière de la verticale, et on concevra facilement qu'un piston parcourant une ligne droite, sa tige se fausserait si elle était soumise à cette action alternative, si elle n'était contenue par un mécanisme particulier (le parallélogramme), et c'est afin de pourvoir à cet inconvénient que Watt imagina d'appliquer aux traverses des pistons, un système de tringles dont l'extrémité de deux d'entre elles oscillent sur un point fixe ; l'autre extrémité est élevée par le balancier et fait ainsi la moitié de la course du piston, conjointement avec l'extrémité de deux autres tringles qui ont leur articulation sur le même axe mobile que les premières, elles font donc aussi, d'un bout, moitié de la hauteur de la course : ces dernières ont l'autre bout articulé à la traverse du piston, et parcourent l'autre moitié de la course en décrivant, comme les premières, un arc de cercle égal mais en sens inverse. C'est par cette ingénieuse combinaison de tringles oscillantes, que Watt conserva à la tige d'un piston sa ligne de parcours droite et par conséquent sa verticalité.

### PALIERS.

En général, les paliers sont façonnés de manière à recevoir des coussinets : ils portent des réservoirs dans le milieu desquels est percée la lumière pour donner passage à l'huile destinée à lubrifier les parties frottantes par la rotation.

## PLAQUES FUSIBLES.

Je n'en parle pas, parce que je les considère comme facilitant par leur fusion, l'explosion.

## POINTS MORTS.

On appelle ainsi l'instant où le piston est rendu à fin de course en même temps que les manivelles et le té sont en direction parallelle; dans ce moment d'inertie, aucune puissance, excepté la force vive, ne peut faire dépasser ces points. Dans les machines doubles on n'a point à redouter les points morts, parce qu'il existe deux manivelles, et qu'étant placées à angle droit elles s'entr'aident mutuellement à dépasser ce moment d'inertie.

## POMPES.

Appareil très utile servant à élever l'eau ou à alimenter les chaudières.

## RENIFLAR.

Le reniflar est une soupape qui sert à purger le condenseur de l'eau qu'il contient.

## REGISTRES.

Plaques de fer à charnières ou à coulisses qui sont destinées à arrêter le tirage des fourneaux en resserrant le passage de la fumée et de l'air échauffé dans la cheminée. On ferme le registre de la cheminée lorsque la production de la vapeur est trop abondante; les registres servent encore à arrêter les passages de la vapeur dans le tube qui la fournit au cylindre, ou à ralentir la marche de la machine en la fermant plus ou moins.

## RABOT.

Le rabot est un espèce de tire-braise nécessaire au service des fourneaux, d'un bout il est muni d'un anneau et de l'autre d'une plaque recourbée.

## RINGARD.

Barre de fer de l'espèce de celle ci-dessus, elle est crochue d'un bout; le ringard sert à tisonner le feu sans ouvrir le fourneau et à détacher des grilles les scories qui s'y attachent. Il en est un autre dont un bout a la forme d'une lance, il sert à séparer les charbons qui se soudent ensemble et à détacher des grilles le charbon qui y adhère quelquefois si fortement que le ringard crochu ne peut l'en détacher.

## RIVET.

Cheville en fer ou autre métal à tête rabattue des deux bouts : ils ne sont employés qu'à la construction des chaudières.

## SOIE.

La soie est le tourillon d'une manivelle, c'est la soie qui reçoit toute l'impulsion du piston par le té.

La soie doit être ajustée coniquement dans une manivelle pour qu'il y ait serrage au besoin, elle s'ajuste à olive dans l'autre, afin qu'elle cède au gauchissement de l'arbre qui a presque toujours lieu par l'abaissement du coussinet placé en dehors du navire sur la charpente du tambour.

## SOUPAPES DE SURETÉ.

Les soupapes de sûreté sont des disques de métal bouchant une ouverture de la chaudière ; elles agissent sur un levier chargé d'un poids déterminé, et lorsque la tension de la vapeur a atteint la limite que l'on ne veut pas dépasser, elle soulève le poids et laisse passer de la vapeur.

Le poids dont on les charge dépend de leur surface et de la longueur du levier auquel le poids est suspendu, et de la pression sous laquelle on veut marcher. J'indiquerai à la dernière leçon le moyen pour calculer la surface d'une soupape et le poids dont on doit charger le levier.

## TÉ.

Cette pièce se nomme le té, parce qu'elle a la

forme d'un T renversé ; elle reçoit du balancier la puissance que lui communique le piston et la transmet, d'une manière circulaire, à la manivelle de l'arbre de couche.

## TIGE DE PISTON.

La tige de piston est presque toujours en acier ; elle est cylindrique et ajustée coniquement au piston ; elle glisse dans la boîte à étoupe du couvercle du cylindre, elle reçoit la puissance du piston et la communique au balancier par la traverse et les grandes bielles qui y sont pendantes, le balancier au té, et ce dernier à la manivelle des roues. Le dérangement du parallélogramme amène souvent la rupture de ces pièces en ce qu'il détruit la verticalité, et qu'alors le piston boxe contre le couvercle ou le fond du cylindre : dans ce cas, c'est la rupture de la tige de piston qui a lieu, avec celle du couvercle ou du fond du cylindre.

La tige du piston de la pompe à air est toujours en cuivre rouge, ou en laiton ou cuivre jaune, les cylindres de ces pompes sont aussi chemisés intérieurement en bronze.

## TIROIR.

Le tiroir sert à distribuer alternativement la vapeur en dessous et en dessus du piston, et à faire communiquer ainsi, d'une manière alternative, le haut et le bas du cylindre avec le condenseur. Les tiroirs sont avec ou sans garnitures, selon leurs formes.

### TIRANS.

Pour consolider les surfaces planes des chaudières on les lie entr'elles par des barres de fer arrêtées en dehors par des écrous : ce sont ces barres de fer que l'on nomme tirans.

### TUBES DE DÉCHARGE.

On appelle tube de décharge, le tube qui prend naissance à la bâche et qui conduit l'eau de condensation et celle d'injection, qui est en trop pour l'alimentation, en dehors du navire : et aussi, le tube parallèle à la cheminée qui prend naissance aux soupapes de sûreté ; il sert à lâcher la vapeur contenue dans la chaudière et à faire l'extraction.

# LEÇON NEUVIÈME.

## APPLICATION DE QUELQUES CALCULS, ET EXPLICATION DES PLANCHES.

### DU FREIN.

Le frein est un obstacle au mouvement rotatif

d'une machine, il ralentit le mouvement et la force de s'arrêter : pour cela il suffit d'augmenter la pression jusqu'à ce que le frottement fasse équilibre à la force motrice.

Je ne parlerai ici que du frein de Prony , il sert à mesurer la force d'un arbre tournant ou son effet utile. Le frein est représenté planche II figure 4. Maintenant, avant d'indiquer comment on opère pour connaître l'effet utile d'une machine, je vais essayer de donner une idée du frein.

Supposons un frein serré sur un arbre tournant assez fortement pour produire un frottement tel , que, pendant la rotation de l'arbre, le bras du frein reste en repos et horizontal, soutenant par le seul effort du frottement un poids quelconque à une hauteur constante.

Pour arriver à obtenir cet équilibre, un ouvrier serre ou desserre les écroux , jusqu'à ce que le frottement de la machine fonctionnant soutienne le frein et le poids suspendus , en gardant la position horizontale; et, une fois cet état d'équilibre obtenu, il est facile de connaître l'effet dynamique d'une machine, c'est-à-dire, la puissance dont elle est capable.

Cela fait, supposons qu'on ait observé un nombre T de minutes, que l'arbre tournant ait fait un nombre N de tours, dans chaque minute il aura donc fait un nombre de tours égal à N divisé par T. Le chemin K, parcouru dans cette minute par un point de contact du frein, est un égal nombre de circonférence du rayon R, d'où il résulte que K égale deux fois le rapport de la circonférence au diamètre, R et N divisé par T, tel est l'espace K parcouru par un élément frottant dans une minute. Maintenant, je suppose qu'une machine ait produit Q kilogramme dans une minute, ce qui revient à dire que la force dépensée est capable, ou d'élever un poids quelconque de kilogrammes à un mètre de hauteur dans un temps donné, ou de soutenir un poids suspendu au frein, par la force du frottement.

Maintenant, je suppose que la force du frottement F ait remonté le poids P, d'autant qu'il serait tombé ; chaque élément de contact développera sa part de résistance en parcourant l'espace K ; ainsi, l'effet total Q ou le nombre de K*, étant produit par la force F du frottement qui lui est identique, sera égale à l'espace K multiplié par toutes les résistances, c'est-à-dire, par le frottement ; savoir : Q égale F K égale $\dfrac{2 \pi R N F}{T}$ en substituant ici P R à la valeur R F on aura cette équation, où tout ce qui tient à la considération du frottement aura disparu :

$$Q T = 2 \pi N P R$$

π égale **3 , 1416** : je suppose maintenant une machine dont l'arbre fasse 28 tours dans une minute et que le frein garde une position horizontale quoi qu'il soit chargé d'un poids de 220 kilogrammes, que ce poids soit placé à 3 mètres 20 centimètres de l'axe de rotation, on aura, pour le temps une minute, pour le nombre de révolutions de l'arbre N, pour le poids suspendu P, pour longueur du frein R, on aura cet équation.

$$2 \pi N P R$$

Ou, ce qui revient au même, pour être mieux compris, à deux fois 3, 1416, multiplié par 28, multiplié par 220, multiplié par 3ᵐ 20 cent, : le dernier produit donne le nombre de kilogrammes que la machine élève à un mètre de hauteur dans une minute. En divisant le nombre de kilos par 4500, on a le nombre de chevaux de la force de la machine, le calcul donne 123,854 kilog. ou 27 chevaux 1/2.

### *Exemple.*

Une machine fonctionne sous un frein de 2 mètres 244 millimètres de longueur : il est chargé de 70 kilogrammes ; l'arbre de la machine fait 18 révolutions dans une minute. Quelle est la force de cette machine ou son effet dynamique : le calcul donne 17,528 kilogrammes ou 5 chevaux 9/10 ?

CALCUL DE LA FORCE D'UNE MACHINE A VAPEUR.

Il est deux cas où le calcul n'est pas le même, selon que l'on demande la force d'une machine construite ou d'une à construire. Connaissant la force qu'on en attend pour satisfaire au travail qu'elle doit faire, je vais commencer par le calculer sur machine construite.

Soit le diamètre du cylindre représenté par **D** et exprimé en centimètres, soit H la hauteur de la course du piston exprimé en mètres et parties de mètre, soit **N** le nombre de coups de piston par minute : on a cette équation $1/4 \; \pi \; D^2$ pour la surface du piston en centimètres carrés, et par conséquent ce nombre multiplié par 1 kilog. 0,33, sera le nombre de kil. dont le piston sera chargé pour une seule pression atmosphérique, $1/4 \; \pi \; D^2 \; H$ le poids en kilogrammes élevé à un mètre de hauteur pour une course de piston ; et, enfin, $1/4 \; \pi \; D^2 \; H \; N$ le nombre **K** de kilogrammes ou de décimètres cube d'eau distillée à la température de 4 degrés, élevé à un mètre dans une minute.

$$K = 0,7854 \; D^2 \; D \; H \; N$$

Mais comme je l'ai déjà dit, la force de la vapeur s'énonce en prenant pour unité la force du cheval, et cette unité est représentée par un poids de 4500 kilos élevé à un mètre de hauteur dans une minute, de sorte qu'en divisant K par 4500 et divisant le dividende, pour faire la part du frottement, par 2, on aura le nombre de chevaux dont la machine est capable.

J'ai admis dans cette analyse que la machine ne fonctionnait que sous la pression d'une atmosphère; si la tension de la vapeur était 2, 3, 4, 5, 6, 7 ou 8 atmosphères, il faudrait multiplier le résultat par 2, 3, 4, 5, 6, 7 et 8, toutefois si la machine marchait sans condenseur il faudrait retrancher la pression d'une atmosphère; par exemple, je suppose qu'une machine marche sous la pression de 4 atmosphères, il ne faudrait multiplier le résultat que par trois, parce que la pression de l'air atmosphérique fait équilibre à la puissance d'une atmosphère.

Pour les machines à condensation, on soustraira environ un cinquième d'atmosphère pour tenir compte de la petite résistance qu'oppose la vapeur que repousse le piston, et par celle provenant de l'imperfection du vide dans le condenseur.

Je vais maintenant établir, par la résolution de plusieurs questions, afin d'être très bien compris, la forme du calcul débarrassé de tous les signes algébriques, que j'ai, quoi qu'à regret, été obligé d'employer pour démontrer d'une manière plus lucide la vérité du calcul.

7

QUESTION. — On veut savoir quelle est la force d'une machine à condensation, qui a les dimensions suivantes : diamètre intérieur du cylindre 0ᵐ 80, hauteur de la course du piston 1ᵐ 20, pression de la vapeur dans le cylindre 1 atmosphère 1/5.

Dans le calcul, il est indispensable de connaître quel est le nombre de coups de piston que donne la machine ; pour le savoir on fait ce raisonnement : si le piston avait un mètre de course il y aurait 30 coups de piston par minutes puisque les pistons parcourent un mètre par seconde, et qu'un coup de piston se compose d'un allée et venue entière du piston dans le cylindre, donc le piston qui a la plus longue course devra en donner moins : alors on a cette proportion : 120 : 100 :: 30 : X.

120 est la hauteur de la course du piston de la machine dont on veut savoir la force, 100 est le nombre de centimètres qui constituent le mètre, 30 est le nombre de coups de piston que la machine donnerait si elle avait un mètre de course ; on fait l'opération en multipliant 30 par 100 et en divisant le produit par 120, le nombre trouvé par la division est la valeur de X : donc cette valeur représente le nombre de coups de piston que doit donner la machine qui a un mètre vingt centimètres de course.

Maintenant il me reste à calculer la surface du

cylindre pour arriver à connaître la pression que la vapeur exerce sur le piston.

Voici la formule: $1/4\ \pi\ 80^2$

$\pi$ est le rapport de circonférence au diamètre et a toujours pour valeur 3,1416, c'est donc le 1/4 de ce nombre constant qu'il faut prendre, il est égal à $0{,}7854\ 80^2$, le chiffre 2 placé à droite en tête du chiffre 80 signifie qu'il faut élever ce nombre à la 2me puissance, c'est-à-dire qu'il faut le multiplier par lui-même.

Je vais maintenant donner le résultat de l'opération en donnant le chiffre indiquant l'étendue de la surface, il est égal à 5026 centimètres carrés.

Comme je viens de le dire, l'étendue de la surface du piston est de 5026 centimètres carrés; voici maintenant ce qui reste à faire pour connaître la force de la machine : multiplier l'étendue de la surface du piston par la pression de vapeur, la hauteur de la course, et le nombre coups de piston que donne la machine; diviser la moitié de ce dernier produit par 4500 pour avoir le nombre de chevaux. On divise toujours le dernier produit par 2 afin d'avoir la part des frottements qui enlèvent la moitié à fort peu près de la puissance dont la machine serait capable si on parvenait à les supprimer entièrement.

En faisant le calcul de la question ci-dessus on

trouve que la pression de la vapeur sur le piston égale 5192 $k^{mes}$, que le nombre de $k^{mes}$ que la machine élève à un mètre de hauteur pour une course de piston est de 6231, et que le nombre de $k^{mes}$ que la machine élève à un mètre de hauteur dans une minute est de 155772, la moitié de ce dernier produit divisé par 4500, donne pour le nombre de chevaux de force 17 1/3.

J'arrive maintenant au cas où on veut connaître le diamètre à donner au piston d'une machine pour qu'elle soit capable d'une force donnée; pour cela on commence par faire choix de l'espèce de machine que l'on préfère, par déterminer le degré de tension de la vapeur qui doit la faire fonctionner, si elle est ou non à condensation, à déterminer aussi la hauteur de la course du piston pour chercher aussi le nombre de coups de piston qu'il devra donner, ce nombre étant un des diviseurs du calcul; cela fait on doublera le nombre de chevaux demandés, on multipliera par 4500; on divisera le produit par la tension de la vapeur, et l'on aura le nombre de $k^{mes}$ que la machine peut élever à un mètre de hauteur dans une minute, on divisera le poids en $k^{mes}$ par le nombre de coups de piston dans une minute, et on aura le nombre de $k^{mes}$ élevés à un mètre pour une course de de piston; on divisera par la hauteur de la course et on aura en k<sup>mes</sup> la pression exercée par la vapeur sur le piston; on divisera par la pression de la vapeur sur un centimètre carré et on aura en centimètres la surface du piston; on divisera par 1/4 $\pi$ 0, 7854 on aura le carré du diamètre du piston, on extraira la racine carrée de ce dernier nombre et on aura le diamètre du piston.

QUESTION. — Déterminer le diamètre du piston d'une machine de la force de 17 chevaux 1/3 marchant sous la pression de 1 atmosphère 1/5, la hauteur de la course du piston étant de 1<sup>m</sup> 20 : cette machine marchant à condensation.

120 : 100 :: 30 : X est la proportion pour trouver le nombre de coups de piston que donnera la machine.

Le double du nombre de chevaux de force est de 34,66 multiplié par 4500 donne 155970 pour le nombre de k<sup>mes</sup> que la machine peut élever à un mètre de hauteur dans une minute, et divisant ce nombre par le nombre de coups de piston 25 on a pour le poids en k<sup>mes</sup> élevé à un mètre pour une course de piston 6238 ; divisant ce nombre par la hauteur de la course, on a pour pression de la vapeur sur le piston 5198, divisant ce nombre par la pression sur un centimètre carré on a pour la surface du piston en centimètres carrés 5026 ; divisant ce nombre par 1/4 π ou 0,7854 on a le carré du diamètre du piston qui est de 6403 ; en extrayant la racine de ce nombre on trouve, pour le diamètre du piston, 0ᵐ, 8003, ou 80 centimètres 3 dixmil'mètres.

On ne trouve 3 dixmillimètres en plus ans le diamètre que parceque j'ai négligé dans la première opération des fractions representant des dixmil-lièmes et des centmillièmes.

### CALCUL D'UNE SOUPAPE.

Comme le calcul est le même que celui employé pour trouver la surface d'un piston, il me suffira, je pense, d'en donner un exemple pour être bien compris.

QUESTION. — L'ouverture d'une soupape de sûreté est de 0ᵐ 15, le levier est en longueur dans le rapport de 1 à 10, la vapeur dans la chaudière est à 4 atmosphère 1/5, quel est le poids dont le levier doit être chargé pour que la vapeur à cette température le soulève.

### OPÉRATION.

1/4 π 15² est la surface de l'ouverture de la soupape, cette surface est égale à 170 centimètres 71/100, cette surface multipliée par 4 kil. 24 donne le poids en kᵐᵉˢ que peut soulever la soupape avec de la vapeur et 4 atmosphère 1/5 de pression; ce poids serait égal à 209 k. 12 ; comme ce poids serait dificile à manier on ajoute sous la soupape un levier auquel on suspend le poids, et comme dans la question ce levier est en rapport de 1 à 10, il reste à diviser le poids 219 par 10 pour avoir le poids à suspendre au levier, en opérant on le trouve égal à 21 k°° 912 grammes.

### PIÉCES MARQUÉES DANS LA PLANCHE.

Y  Grand cylindre, il est moteur ; dans son intérieur est la puissance de la machine.

P  Piston du grand cylindre ; c'est lui qui chassé alternativement par la vapeur, fait mouvoir tout l'appareil mécanique, et procure le sillage au navire.

T  Tiroir, c'est le distributeur de vapeur ; sans lui il n'y a pas de mouvement alternatif en conservant une puissance égale sur chaque face du piston alternativement.

FG  Guides du parallélogramme.

ZZ' Boite à étoupe et presse-étoupe.

Q  Tringle du parallélogramme.

O  Guide de la tige du tiroir.

X  Tube de décharge de la bâche.

K  Bâche.

I  Pomme d'arrosoir du condenseur; cette pomme
est liée directement au tube d'injection.

V  Reniflar, soupape servant à purger le condenseur de l'air et de l'eau qu'il contient.

C  Té.

BB  Balanciers.

D  Condenseur.

E  Pompe à air.

A  Traverse de la pompe à air, et son ajustement
sur la tige du piston de cette pompe.

H  Traverse du grand piston et son ajustement
sur sa tige.

M  Manivelle des roues.

L  Bâtis, boite à tiroirs et levier à main.

N  Levier coudé du tiroir.

R  Excentrique.

W  Tube de vapeur.

U  Carlingues sur lesquelles repose la machine.

S  Levier à débrayer.

TT  Tringle d'excentrique et son contre-poids

Tableau des Forces élastiques de la Vapeur d'eau
à des Températures correspondantes de 1 à 10
atmosphères, par Dulong et Arago.

| ÉLASTICITÉ de la Vapeur exprimée en atmosphères de 0,76 de mercure. | ÉLASTICITÉ en Mètres de mercure. | TEMPÉRATURE correspondante en degrés centigrades. | PRESSION sur un centimètre carré. |
|---|---|---|---|
| 1 | 0,76 | 100 | 1,033 |
| 1 1/2 | 1,14 | 112,2 | 1,549 |
| 2 | 1,52 | 121,4 | 2,066 |
| 2 1/2 | 1,90 | 128,8 | 2,582 |
| 3 | 2,28 | 135,1 | 3,099 |
| 3 1/2 | 2,66 | 140,6 | 3,615 |
| 4 | 3,04 | 145,4 | 4,132 |
| 4 1/2 | 3,42 | 149,06 | 4,648 |
| 5 | 3,80 | 153,08 | 5,165 |
| 5 1/2 | 4,18 | 156,8 | 5,681 |
| 6 | 4,56 | 160,2 | 6,198 |
| 6 1/2 | 4,94 | 163,48 | 6,714 |
| 7 | 5,32 | 166,5 | 7,231 |
| 7 1/2 | 5,70 | 169,37 | 7,747 |
| 8 | 6,08 | 172,1 | 8,264 |
| 8 1/2 | 6,46 | 175,13 | 8,781 |
| 9 | 6,84 | 177,1 | 9,297 |
| 9 1/2 | 7,22 | 179,36 | 9,813 |
| 10 | 7,60 | 181,6 | 10,330 |

# TABLE DES MATIÈRES.



FIN DE LA TABLE.

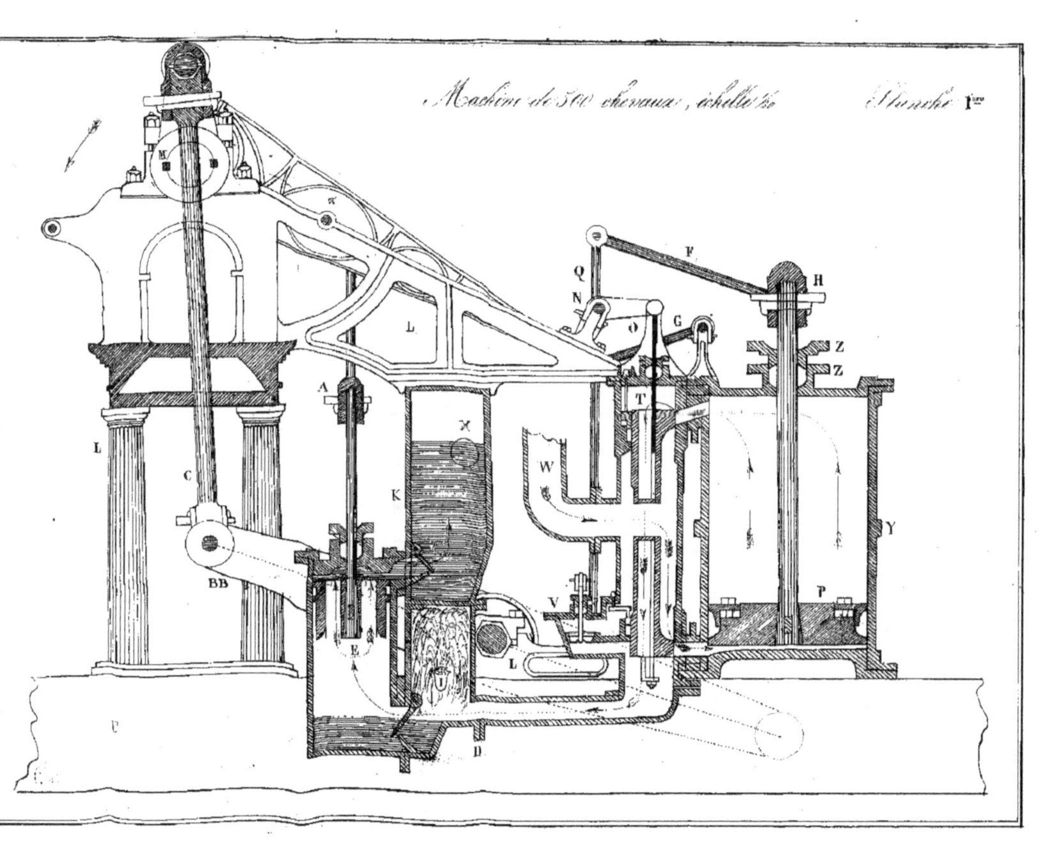

Machine de 500 chevaux, échelle
Planche 1ère
M
L
Q
N
O
F
G
H
Z
Z
A
X
T
L
W
Y
K
L
C
V
BB
E
U
P
U
D

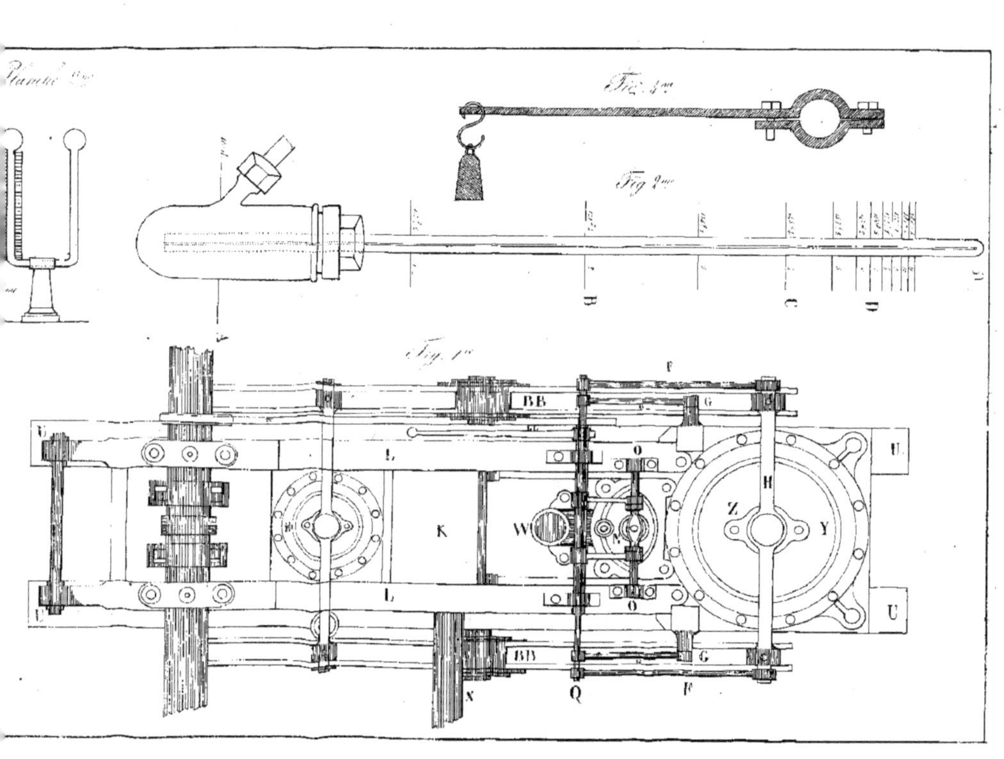

Planche
Fig. 4me
Fig 2me
Fig. 1re
BB
G
F
U
U
L
K
M
W
Z
H
Y
L
O
O
U
U
BB
G
X
Q
F